앎

사람, 일, 행복을 찾아 떠나는 인생여행

읽

김선호 지음

모아북스
MOABOOKS

인간, 인생, 행복을 찾는 1020 젊은이들을 위한 앎의 여정

사람은 왜 사는가?

무엇으로 사는가?

그리고 행복이란 무엇인가?

참말로 늙어빠진 질문들이다. 오스트랄로피테쿠스 이래 세상 모든 사람이 묻고 있으니 한 이백만 살 쯤 된 질문일까? 이 따위 늙어 빠진 질문들로 세상이 시끄럽다. 사방 온데 자칭 현인이란 현인들은 다 나서서 큰 소리로 묻고 도끼눈으로 대답을 강요한다. 말없는 장삼이사들이라고 속조차 없을 리 있겠는가. 하지만 당췌 주눅이 들어서 어디…. 그런데 이 자칭 현인들이 스스로 내놓은 답이란 답들이 구름 위 신선이 이슬 마시는 소리뿐이다. 아니면 세상 탓, 남 탓이던가. 살만큼 산 우리들이야 이대로 살다 죽으면 죽는 거지. 하지만 붕정만리鵬程萬里 우리 아들딸 젊은이들은 정말이지 어쩌란 말인가?

8

나도 열다섯 '지우학志于學' 부터 오십 '지천명知天命' 이 넘도록 이 답 없는 답을 찾아 세상에 널린 인간론이란 인간론, 인생론이란 인생론, 행복론이란 행복론은 다 거치며 젊음의 태반을 허송해버렸다. 때론 두렵고, 때론 슬프고, 때론 세상에 노했다. 두려우면 무턱대고 숭배하고 슬프면 아무에게나 분노했다. '갈래갈래 깊은 산속을 헤메고' 있었다.

초로의 문턱 어느 날, 초라한 행색 그대로 이순신이 시퍼렇게 살아있는 광화문 광장을 건너 이런 인간, 인생, 행복 따위의 책을 집으러 교보문고로 향하다 문득 생각했다. 이 광장에서 저 광화문으로 가기 위해 사람들로 어수선한 저 책방에 들어가 지구본을 들여다 볼 필요가 있을까? 지구본 위 어린이 손톱만 한 우리나라를 찾은 다음 다시 대한민국 전도에서 서울이 어디 있는지도 확인한다?

이젠 서울특별시 지도 마저 사서 세종로 광화문 광장을 찾아본다. 상세한 지형을 파악하기 위해서는 한 1킬로미터 이상 떨어진 중앙지도사에서 5만 분의 1 지도를 비싼 돈 주고 사야겠지?

다시 원점인 이 광화문 광장으로 돌아와 지도 위에 그려진 대로 광화문을 향해 본격적으로 출발하자마자 '우연히 마주친 동창생 녀석' 을 만나 근처의 청진동 막걸리집으로 들어가 버린다? 술김에 인간, 인생, 행복을 마구 부르짖는다. 두렵고 외롭다. 슬프다.

분노를 뿜는다. 엉엉 운다. 아하! 내 짓이 바로 이 짓이구나! 바로 저기 보이는 저 광화문을 한 300미터 걸어서 그냥 가면 되는 것을 세상 온 데를 헤매다 결국 술에 취한 채 아무 소리나 내뱉고 있구나!

그 때 내 머리통에 '딱' 죽비가 떨어졌다. 순간 깨달았다. 왜 사냐고? 그리고 무엇으로 사냐고? 허허! 그래, 나 자신의 생존과 자손의 번식을 위해 입고 먹고 자고 사랑하며 산다. 만물의 영장이라 자자손손 더 오래 더 잘 입고 먹고 자고 사랑하려고 세상의 모든 남들과 죽을 둥 살 둥 경쟁한다. 경쟁에서 이기면 잘난 체하고 졌을 때는 격렬하게 시기 질투한다. 행복은 뭐 또 별건가? 입고 싶을 때 입고, 먹고 싶을 때 먹고, 자고 싶을 때 자고, 사랑하고 싶을 때 사랑하는 거지. 그것도 남보다 더 잘, 더 많이, 더 오래 해서 뽐낼 때 기쁘고 즐거운 것이지. '희喜'와 '낙樂'의 순간이 많으면 행복한 것이고 '로怒'와 '애哀'의 순간이 많으면 불행한 것이지!

인간과 인생과 행복을 이렇게 한 10초 만에 정리해 버리고 나서 세종대왕 동상 앞 돌바닥에 털썩 주저앉아 나의 속됨도 회개할 겸 진지하게 묵상했다. 뜬금없는 생각이 들어왔다. 저렇게 총기도 고민도 없이 생겨먹은 사람이 세종이 맞기는 맞나? 애를 열여덟이나 만들었다면 사랑만큼은 실컷 한 것이 분명하구나. 사랑에만도 바빴을 텐데 어느 틈에 '백성을 어여삐 여겨' 한글까지 만든 대왕이 마누라 치마 폭에 싸여 44년간이나 나라를 망해먹은 '고종高宗'스러울리는 없지 않는가? 그리고 저 앞 성웅 이순신님이시여! 지금 당신은 당신의 전술을 근대 해군 창설의 기초로 삼아 100년간이나 태평양을 호령하고 있는 일인들을 노려보고 계십니까? 아니면 입만 살아 찢기고 갈려 서로를 못 잡아 먹어 안달하는 후손들에게 불호령이라도 내리고 계십니까? 갑자기 서점에 가득 쌓인 책들이 쓰레기더미로 보였다. 온 천지 가득한 찌질한 현인들의 훈시에 악취가 가득했다.

그래, 이젠 쓸데없는 고민 따윈 거두자. 대신 몸을 벌떡 일으켜 눈에 빤히 보이는 나의 목적지 저 광화문을 향해 안광을 내뿜으며 내 이 두 발로 똑바로 걸어가는 거야. '산모퉁이 바로 돌아 송학사로' 담담히 걸어가는 거야. 인간, 인생, 행복도 그렇게 찾는 거야.

나에겐 최후의 만찬을 함께할 예수의 열두 제자도, 석가의 다섯 제자도 있을 리 없다. 그렇다면 더 늙기 전에 두 아들 놈들에게 나의 깨달음을 목청껏 훈계하고 싶다. 아직은 어른 말을 들을 만큼 유연한 뇌와 밝은 귀를 가진 이 땅의 젊은이들에게도 전하고 싶다.

김 선 호

|목차|

1장

사람은 왜 사는가

사람은 자신의 생존과
자손의 번식을 위해서 산다

우주의 자연현상을 단 한 마디로 표현한다면 어떤 것이 있을까?

지구가 태양의 둘레를 돈다든지, 지구의 자전축이 수직에서 23.5도 기울어져 있어 사계절이 생기고, 봄이면 꽃이 피고 가을이면 낙엽이 아름답다고 말할 수도 있을 것이다. 아니면 생물의 생존에는 물이 필요하고 또 생물은 진화한다는 등 수백 수천 가지로 자연현상을 설명할 수도 있을 것이다. 그렇지만 그보다 더 본질적인, 그러니까 곁가지가 아닌 나무의 몸통과 같은 설명은 없을까?

나는 뉴턴의 만유인력이 바로 그 몸통설명이라고 생각한다. 사과가 나무에서 떨어진다든지 달이 지구를 도는 것도 다 이 만유인력 때문이라는 초등학생용 설명도 재미있지만 좀 더 유식하게 고등학교 물리 수준으로 말해 보자. 우주의 모든 물질은 궁극적으로 원자로 되어 있고 원자는 원자핵의 주위를 전자가 돌고 있는 구조로 되어 있다. 전자는 원심력에 의해 밖으로 튕겨 나가려고 하지만 핵과 전자 사이에 서로 잡아당기는 힘 즉 인력 때문에 원자의 형태를 유지하고 있다. 원자가 모여 분자가 되고 분자가 모여 생물과 무생물을 이루고 말이다. 더 나아가 우주의 모든 별들과 행성들은 서로가 서로를 끌어당기며 지금의 모습을 하고 있는 것이다. 이처럼 우주의 어떤 자연현상도 이 만유인력을 거스를 수는 없다. 만유인력이야말로 자연현상에 대한 곁가지가 아닌 몸통 설명에 해당한단 말이다. 우주에 관한 현상이 아닌 본질적인 설명!

그렇다면 사람을 지배하는 단 한 가지 법칙만을 대라면 뭐라고 할 수 있을까? 진화생물학자 리처드 도킨스Richard Dawkins의 얘기 좀 들어보자. 도킨스는 《이기적 유전자》라는 책에서 사람의 몸은 유전자gene의 존속과 복제를 위해 존재하는 기계 내지는 운반체일 뿐이라고 주장했다. 그래서 몸은 유전자의 지시대로 유전자를 보존하고 복제 즉 번식하기 위해서 이기적으로 행동한다는 거다.

도킨스의 이 가설에 따르면 사람이 입고 먹고 자고 건강하기를 원하는 것은 자신을 보존하려는 유전자가 몸에 그렇게 명령하기 때문이고 이성을 만나 사랑(섹스)하고 싶은 욕구를 느끼는 것도 자신을 복제하려는 이기적인 유전자가 이성을 보면 사랑하라고 몸에 명령하기 때문이라는 거다. 도킨스는 심지어 세상에서 가장 이타적인 것처럼 보이는 어머니가 어린애에게 젖을 먹이는 행위까지도 사실은 자신의 유전자를 번식시키려는 이기심의 발로하고 말하고 있다.

도킨스의 이 가설을 따라 몇 가지 더 유추해보자. 여자나 남자나 다 잘 생긴 이성을 찾지 않는가. 그것은 예쁜 여자나 잘 생긴 남자와 사랑을 나누어 자식을 낳으면 그 자식도 외모가 뛰어나 쉽게 다른 이성과 사랑을 나눌 수 있고 그 자식의 자식까지도 그렇게 함으로써 결국 자신의 유전자를 세상에 퍼뜨리기 쉽기 때문이라는 설명이 가능할 것이다. 남자는 자신과 사랑한 여자가 낳은 아이가 혹 자신의 아이가 아닐 수도 있기 때문에 여자보다는 자식에게 훨씬 덜 이타적이라는 것도 이런 논리에서 나올 수 있다. 또 사랑은 내리사랑이라고 하지 않는가. 이미 늙어 더 이상 유전자를 퍼뜨릴 수 없는 부모보다는 앞으로 오래 살아 자신의 유전자를 더 많이 번식시켜줄 자식을 더 사랑할 수밖에 없다는 것이다. 마찬가지로 나이든 부모들은 이런 배은망덕한 자식들이 잘되기만 한다면 죽어도 여한이 없다고 말한다. 이젠 자신은 더 이상 유전자를 퍼뜨릴 능력이 없어졌으니 자식을 통해 자신의 유전자를 복제·번식하려고 그렇다는 거다. 이 모든 것을 이기적인 유전자가 몸에서 그렇게 시켰다는 거다. 어떤가? 아귀가 딱 딱 들어맞지 않는가?

이렇듯 생명현상의 여러 특징을 유전자가 자신을 보존하고 복제하려는 이기적인 노력의 결과로 설명하는 도킨스의 이 가설을 따르면 사람의 행동과 생각에 대한 의문이 의외로 쉽게 풀린다.

마스터 키 정도랄까? 한마디로 자연계를 지배하는 법칙이 만유인력의 법칙이라면 사람을 지배하는 법칙은 '사람은 자신의 생존과 자손의 번식을 위해 사는 이기적 존재다' 라는 말이다.

사람은 몸과 마음이 모두 100% 이기적인 존재이다

도킨스는 또 인간사회의 문화를 '문화 유전자' 라는 의미로 유전자gene와 비슷하게 밈meme이라고 이름 지어서 생각, 의식주, 언어, 도구, 풍습, 관습, 학문, 예술, 종교, 제도 등을 예로 들고 있다.

이 밈은 사람의 두뇌를 통해 사람에게서 사람에게로, 세대에서 세대로 전해지며 진화해간다고 말한다. 이 밈도 유전자처럼 많은 사람에게 받아들여지는 밈은 살아남고 받아들여지지 않는 밈은 소멸되어 점차 사회 안의 밈 풀meme pool이 이 살아남은 밈으로 가득 차게 되고 계속 후세로 전해지며 진화해간다고 본다. 몸은 유전자의 운반기계이고 두뇌는 문화 유전자의 운반기계라는 말이다. 물론 유전자의 진화에 비하면 문화 유전자의 진화에 걸리는 시간은 훨씬 짧을 것이지만 말이다.

나는 도킨스보다 앞으로 한 발 더 나가고 싶다. 문화도 결국 우리 몸의 유전자를 보존하고 복제하기 위한 도구에 불과하다고 말이다. 즉 어떤 문화가 사람들에게 선택되어 계속 진화하느냐 아니면 소멸하고 마느냐는 사람의 생존과 자손 번식, 다시 말해 유전자의 보존과 복제에 도움이 되느냐 아니냐로 정해진다는 말이다.

예를 하나 들어보자. 말을 타고 다니던 시대에 어떤 사람이 지금까지와는 다른 새로운 탈 것, 가령 자동차라는 밈 플러스 meme+를 만들었다고 하자. 이 자동차가 사람이나 물건을 나르는데 말보다 더 좋다고, 다시 말해 사람들의 생존과 자손의 번식에 더 도움이 된다고 하자. 이럴 경우 이 자동차라는 밈 플러스 meme+는 말 대신 새로운 교통수단 밈이 되어 사람에게서 사람에게로, 세대에서 세대로 전달되면서 진화한다는 말이다.

어디 교통기관 뿐이겠는가. 언어, 정치제도, 경제제도, 다른 어떤 문화도 다 마찬가지다. 가령 마르크스가 당시 유럽사회의 문화 유전자였던 자유방임 경제는 자신을 포함한 가난한 사람들의 생존과 자손 번식에 도움이 되지 않는다고 생각했다. 그래서 사회주의라는 밈 플러스를 만들어 내놓자 비슷한 처지의 사람들에 의해 엄청난 속도로 선택되어 새로운 문화 유전자 밈이 된 거다.

그렇지만 실제로 이 사회주의대로 살아보니 점차 자신들의 생존과 자손의 번식에 도움이 안 되는 것을 알게 되어 선택하는 사람들이 줄어들고 그래서 이젠 밈 풀의 소수자로 전락하게 된 것이란 말이다.

결국 사람 사는 세상에서 문화도 이렇게 사람의 생존과 자손 번식이라는 선택 기준에 따라 계속 살아남아 진화하거나 아니면 소멸하고 만다. 결국 사람은 자신의 생존과 자손의 번식을 위해서 사는 몸과 마음이 모두 100퍼센트 이기적인 존재란 말이 된다. 이것이 자연현상이고 인간의 본성이다.

사람 없는(聖) 사람(人) 공자와
석가모니와 예수는 이렇게 말했다

성인 하면 자연스레 공자, 석가모니, 예수가 떠오른다. 이 세 분 성인들의 말씀을 한번 들어보자.

지금부터 2,500년 전 사람 공자의 핵심 생각이 무엇인가? 인仁이다. 인이란 곧 사람에 대한 사랑이다. 그렇다면 사람에 대한 사랑의 구체적인 내용이 무엇인가. 다시 말해 '인'의 목적이 무엇인가. 말할 것도 없이 자신과 세상 사람의 생존과 자손번식이 아닌

가. 사람의 생존과 자손 번식에 공자님 사상의 초점이 있다는 말
이다. 왕은 하늘과 같은 조상 즉 '종묘宗廟' 그리고 땅의 신인 '사
社', 곡식의 신인 '직稷', 이들 종묘사직宗廟社稷에 제사 지냈지 않
은가. '우리 조상 선대왕들의 음덕으로 내 땅에 비 많이 오고 농사
잘 되어 우리 왕조도 나의 백성도 영원무궁토록 해주십시오' 하고
기원했던 거다.

일반 백성들도 자신의 조상에게 열심히 제사 지낸다. 뭐 하러?
다들 자기 조상들의 음덕으로 풍년들어 나 그리고 내 자식 잘 먹
고 잘 살게 해달라는 기원에 다름 아니다. 왕이건 일반 백성이건
자신의 생존과 자손 번식을 제사를 통해서 빌었단 말이다.

지금의 네팔 인근 망해가는 조그만 왕국이었다고 하지만 싯다
르타 왕자가 궁 안에 살 때는 얼마나 화려했겠는가. 기름진 음식
먹고, 좋은 옷 입고, 푹신한 침대에서 생각나면 아무 때나 예쁜 여
자와 잠자리도 하고 말이다. 그러던 어느 날 궁 밖에 나와 산책을
하다가 당시 인도 보통사람들의 비참한 생활을 보고 느꼈다는 거
아닌가. 아하! 세상이란 '생로병사'의 고통이 바다처럼 출렁이는
곳이구나!

이 '생로병사'라는 것이 결국 사람이 입고 먹고 자고 자손을 번
식시키는 일이 아니고 무엇인가. 그렇다면 '생로병사'의 고통에

서 벗어난다고 하는 것은 결국 지금보다 더 잘 입고 더 잘 먹고 더 잘 자고 더 건강하고 더 잘 사랑하는 것임에 틀림이 없다. 석가모니도 결국 사람의 생존과 자손 번식에 모든 사상의 뿌리를 두고 있는 것이다.

예수도 마찬가지다. 당시 유대나라는 로마제국의 학정에 시달리며 노예와 피지배 계급의 고통이 제일 심했다. 또 정치권은 물론 유대교인들까지도 갈라져 서로 죽이고 복수하는 혼란하기 짝이 없는 사회였다. 그런 혼란 속에서 사람들은 자신들을 구해 줄 구세주가 필요하지 않았겠는가. 무엇에서의 구원? 비참한 수준의 의식주와 질병과 그리고 전쟁의 고통에서의 구원임은 말할 것도 없다. 예수도 결국 사람들이 더 잘 입고 잘 먹고 잘 자고 자손을 더 많이 번식시키는 데 온 생각을 집중했단 말이다.

결국 우리 보통사람들과 마찬가지로 공자나 석가모니나 예수 같은 성인들도 결국 사람의 생존과 자손의 번식이 최대 관심이자 목표였다. 그런데 이런 성인들이 우리 같은 보통 사람과 다른 점은 자기 자신만이 아닌 더 큰 사회 사람들의 생존과 자손 번식을 위했다는 점이다. 그래서 성인이라고 불리는 것이다.

물론 이런 성인들의 말씀대로 했다고 해서 정말로 인류가 더 잘 생존하고 자손을 더 잘 번식할 수 있었을지에 대하여는 의문도 많다. 왜냐하면 이들 성인들이 살던 시대는 지금에 비하면 지식의 양이 형편없이 부족했던 시대다. 이 성인들의 말씀 중에 인류의 지식이 풍부해진 오늘날의 관점에서 보면 앞뒤가 맞지 않는 부분도 많은 이유이다.

가령 효가 모든 행동의 기본이라는 공자님의 말씀은 사실 자연법칙에는 맞지 않는 말이다. 유전학적 관점에서 보면 자신의 생존과 자손 번식이 삶의 목표인 사람은 부모보단 자식을 끔찍하게 위하도록 되어 있다. 자식을 돌보기에도 돈과 시간이 부족한데 이 자원을 부모에게 집중 투자하는 효도는 실은 자연현상에 역행하는 행위이다. 자연에 역행하려니 세상 모든 효자 효녀들이 고통스러울 수밖에 없지 않겠는가. 유교적 관점으로 보면 효도는 '백행지본百行之本'이어야 하는데 정작 유전자의 명령을 따르는 자신의 몸은 자신의 유전자를 복제해줄 자식에게만 관심이 가니 말이다.

석가모니 말씀의 핵심이 욕심을 버리라는 것 아닌가. 그런데 이 말도 자연의 원리와 인간의 본성에는 어긋나는 말이라고 할 수 있다. 자신의 생존과 자손의 번식을 위해서 사는 사람 그래서 지극히 자연스러운 소유욕과 성욕 덩어리 그 자체인 사람이 어떻게 욕심을 버릴 수 있겠는가. 유전자는 자신의 생존과 자손의 번식을 위해 욕심 부려 소유하고 이성과 섹스하라고 자꾸만 시키는데 이 자연 현상을 어떻게든 면벽수도로 이겨보겠다? 손바닥으로 하늘을 가려 보겠다? 죽어라 노력해봐야 얼마나 가겠는가. 그러니 절 집안에서도 돈과 권력 다툼이 치열하고 20년 면벽 수도로 경지에 이르렀다는 스님이 산사를 내려오다 빨래하는 동네 아낙의 발뒤꿈치를 보는 순간 그만 파계하고 말았다는 우스갯 소리가 나올 수밖에 없는 거다.

예수라고 해서 2,000년 전 다들 무식하던 그 시절 인간의 본성에 대하여 알았으면 얼마나 알았겠는가. 인간의 몸이 이기적인 유전자를 운반하는 도구일 뿐이라는 도킨스의 가설을 예수가 들었을 리도 없고 말이다. 그러니 이기심 덩어리 인간이 영원히 도달할 수 없는 경지인 '남을 내 몸처럼 사랑하라'고 말한 거다. 자신의 생존과 자손의 번식을 위해서 사는, 그래서 죽었다 깨어나도 남을 내 몸처럼 사랑할 수 없는 인간에게 원죄를 씌워 2,000년 동안이나 영문도 모르는 착한 사람들을 나무라고 있는 사람이 예수 아닌가? 자연에 따랐으니 너는 원래부터 죄인이다? 이상하지 않은가? 이 말을 듣고 사람들은 '아, 나는 태어날 때부터 죄인인가보다' 하고 부끄럽고 두려워서 신을 찾으며 용서를 빌고 엉엉 울며 기도하지 않는가. 예수 때문에 인간이 더 어리석게 되어버린 것 같지 않은가?

세 분 성인들의 말씀을 폄하하려는 것은 물론 아니다. 단지 위대한 성인의 말씀이라고 해서 무조건 경외하기만 할 것이 아니라 때론 자연의 원리와 인간의 본성 차원에서 깊이 사색해볼 필요가 있다는 뜻이다. 성인들께서도 자연과 인간의 본질을 무시한 '사람 없는(聖) 사람(人)'의 말씀도 하셨구나 이런 생각도 해보면서 그분들의 손가락이 가리키는 달의 모습, 그러니까 그분들의 말씀의 진정한 뜻을 오늘의 관점에서 재해석하고 깨달아야 한다 이 말이다. 그래야 뜬 구름 같은 관념에 빠지지 않고 과학적이고 논리적으로 사고하고 행동할 수 있다는 말이다. 어리석음과 두려움 때문에 혹은 나른한 게으름 때문에 위대한 성인들 뿐 아니라 세상에 차고 넘치는 거짓 선지자들의 말에 맹목적으로 현혹되어 이리저리 방황하지 말고 정신 바짝차리고 세상의 진실 위에 두 발을 딛고 살아야 한다 이 말이다.

사람 있는(俗) 동물(物) 애덤 스미스와 칼 마르크스도 이렇게 말했다

이젠 성인들보다는 좀 더 속된 사람들의 애기를 해보자. 지난

300년 간 우리 인간들의 생각과 행동에 제일 큰 영향을 미친 사람이 누굴까? 단연 《국부론》을 쓴 애덤 스미스와 《자본론》을 쓴 칼 마르크스를 들 수 있겠다. 애덤 스미스는 '우리가 저녁식사를 할 수 있을 것으로 기대하는 것은 정육업자, 양조업자, 제빵업자들의 자비심이 아니라 그들의 사리 추구 동기 때문이다' 라고 했다. 결국 이기적 존재로서 사람이 자신의 생존과 자손 번식을 위해 죽어라 일하면 '보이지 않는 손'이 작동해 세상의 다른 사람까지 잘 살게 된다는 말이다. 그러니 정부는 어설픈 간섭일랑 말고 그냥 내버려두라는 레세페르Laissez-Faire 경제 즉 자유방임경제를 주장한 사람이잖은가.

이런 애덤 스미스의 사상이 엄격한 계급제도 아래서 수천 년 동안 배고픔과 추위와 질병에 그리고 노예 같은 노동으로 고통받던 인류를 이 만큼 자유롭고 평등하고 정의롭게 만들었다는 것은 말할 필요도 없을 것이다. 이런 이유로 애덤 스미스의 자유방임이라는 문화 유전자를 사람들이 많이들 선택해서 그것이 문화 유전자 풀의 주류가 되었던 것 아니겠는가.

이 문화 유전자에 따라 온갖 법과 제도가 만들어지고 그걸 따르는 사람들의 생활수준이 급속도로 향상되는 것을 본 세상의 더 많은 사람들이 이 애덤 스미스의 문화 유전자를 따르고 말이다. 왜?

당연히 자신의 생존과 자손의 번식에 최선이라고 생각했기 때문이다. 영국, 미국 등 서구 여러 나라 그리고 일본, 우리나라, 최근 중국의 생활수준 향상도 실은 다 애덤 스미스 덕이라고 해도 과언이 아니다.

그런데 애덤 스미스 말대로 자유방임하다보니 산업혁명 이후 유럽 국가에서 벌어진 자본을 가진 기업가들의 노동자 착취의 정도가 상상을 넘어버렸다. 당시 영국의 기업가들은 세계 제일의 사치를 누릴 수 있었지만 노동자들은 자신의 생존도 자손 번식도 불가능에 가까웠다. 영양실조와 열악한 환경 속에서의 격심한 노동으로 노동자들은 나이 서른을 못 넘기고 죽기 일쑤였고 갓난 아기조차 열에 여덟은 죽었다. 새로운 문화 유전자가 나타날 수 있는 토양을 갖춘 것이다.

얼마 지나지 않아 사회주의 이론을 세운 칼 마르크스가 《자본론》을 들고 나타났다. 독일에서 프랑스로 건너가 그 프랑스에서조차 쫓겨나 마지막으로 향한 영국에서 약값이 없어 병든 애를 셋이나 죽게 할 수밖에 없었다는 그 사람 말이다. 막내딸이 죽을 때는 관 값이 없어 울고만 있었다고 하지 않는가. 자신의 생존과 자손의 번식을 위해 사는 거야 인간인 이상 마르크스도 마찬가지였을 테니 그때 그의 심정이 어땠을까? 자연스럽게 당시 영국 사회의 부조리에 이를 갈며 평등한 분배를 생각했을 것이다. 그래서 당시 영국에서 호사의 극을 달리는 부자들과 비참의 극을 달리는 노동자들의 관계를 자신이 만든 변증법적 유물론에 기초하여 《자본론》을 쓴 것이다.

변증법적 유물론? 가령 '자본주의가 세상을 부유하게 한다' 라는 명제(테제 these), 그러나 '자본주의 사회에서는 노동자가 비참하게 가난한 생활을 하게 된다' 라는 반제(안티테제 antithese), 고로 '자본주의를 깨부수어 모두가 평등하게 사는 프롤레타리아 독재사회를 만들어야 한다' 라는 종합된 결론(진 테제 Synthese)에 이른다. 그리고 다시 이 진 테제가 가진 모순에 따라 새로운 안티테제가 나타나고 또 진 테제로 종합되고 그렇게 해서 계속 '정반합正反合' 으로 발전한다는 것이 헤겔Hegel의 변증법이다. 그런데 헤겔의 변증법은 본래 초자연적인 신의 존재를 증명하기 위한 것이었다. 이런 헤겔에게 제자 포이어바흐Feuerbach가 자기 스승 헤겔처럼 구름 타고 다니는 신선놀음일랑 집어치우고 세상만사를 과학적이고 논리적으로 설명하고 증명하라며 일갈한 것이 유물론이다. 이 두 가지를 칼 마르크스가 종합한 것이 변증법적 유물론인 것이다.

이렇게 사회주의라는 새로운 문화 유전자가 세상에 나오게 된다. 인간 사회가 모순에 모순을 거쳐 정반합의 원리에 따라 자본주의까지 왔지만 다시 정반합의 원리를 따라 사회주의 프롤레타리아 독재에 이른다. 프롤레타리아 독재사회야말로 스스로 생존하고 자손을 번식하기에 가장 좋은 사회다. 이런 생각에 사람들이 흥분하지 않으면 이상한 거 아닌가. 새로운 문화 유전자가 들불처럼 번져나가 문화 유전자의 풀에 사회주의가 엄청난 속도로 불어난 것도 당연하고 말이다.

물론 애덤 스미스처럼 마르크스의 주장에도 문제가 없는 것은 아니다. 성악설이 아닌 성선설이랄까? 우선 인간은 이기적인 존재라는 엄연한 자연현상을 너무 과소평가한 대신 인간의 선의를 과대평가한 경향이 있다. 또 변증법대로라면 자본주의의 모순에 의해 필연적으로 나타날 공산주의도 자체의 모순에 의해 또 다른 새로운 체제로 바뀌어가야 할 텐데 그 다음 단계에 관해선 말하지 않았다. 그리고 이 사회주의 사회에서는 자유시장에서처럼 '보이지 않는 손'이 작동할 리 없을 테니 사람들 스스로 사회를 어떻게 운영해야 하는지 그 방법을 제시했더라면 좋았을 텐데 아무 지침도 없었다는 것도 문제점으로 지적된다.

아무튼 약 150년간 이 지구의 반을 지배한 사회주의라는 문화 유전자는 지금은 오히려 자본주의의 어두운 면을 시정하는 데 큰 역할을 하고 있다. 마르크스 말대로 자본주의가 스스로 어두운 면에 의해서 종말을 고하지 않고 건재한 것도 어쩌면 마르크스 덕일지도 모른다. 마르크스의 정신을 재빨리 받아들여 자본주의의 어두운 면을 그때 그때 손질해 나갔으니 말이다. 결국 애덤스미스의 자본주의도 칼마르크스의 사회주의도 스스로의 문제점을 극복하기 위한 밈 플러스의 모습들로 나타나기를 반복하며 오늘에 이르고 있다. 아무튼 어떤 문화 유전자도 결국 인간이 생존하고 자손을 번식시키기에 적합한지 아닌지에 따라 사람들의 선택을 받아 살아 남아 진화하거나 아니면 사람들로부터 버림받아 소멸된다는 말이다.

2 장

사람은 무엇으로 사는가

우리 삶의 '겉' 과 '속'

　고려 때는 왕씨王氏에게 충성하고 부처님께 불공 드리고 원나라를 따라 당시의 일본을 점령하겠다고 나섰고, 조선시대에는 이성계의 자손 전주 이씨李氏에게 충성하고 명나라를 아버지 나라로 떠받들었다. 심지어 중국에서 청이 명을 대체한 이후에도 청을 치고 명을 일으켜 하해와 같은 명의 은혜를 갚겠다며 조선의 17대왕 효종은 북벌 운운했다. 그것도 임진왜란이 끝난 지 겨우 50년, 나라는 황폐할 대로 황폐했던 당시에 말이다. 망한 명의 뒤를 잇겠다고 '소중화小中華'를 자처하질 않나, 아무튼 명에 대한 조선의 흠모는 거의 병적이라고 까지 말할 수 있지 않을까.

　그러다 일본에게 나라를 빼앗기고 나서는 이젠 상황이 180도 바뀌었다. 전국 방방곡곡에 일본국 소학교가 생기고 선생들은 어린 학생들에게 일본말로 '야마토 다마시大和魂'를 불어 넣고 신사에 참배시켰다. 이름은 물론 성까지 일본식으로 바꾸지 않으면 군인도 공무원도 회사원도 물론 될 수 없었으니 너도 나도 창씨개명을 했다. 일본이 중국에서 동남아에서 그리고 남태평양에서 세력을 떨치는데 징용이며 징병당해 반 강제로 나마 협조하지 않았는가.

마침내 태평양에서의 패권을 두고 하와이 진주만을 기습, 미국과 도 전쟁을 일으키자 이미 일본인이 된 한반도의 청년들도 총칼을 들고 귀축미영鬼畜米英과 싸웠다. 원자폭탄 맞고 일본이 미국한테 항복해버린 덕으로 정말 핵폭발처럼 나라가 해방되었다. 남쪽은 이승만이 미국산 자유 민주주의와 시장경제를 들여오고 그 이전 에 이미 북쪽은 소련을 등에 업은 김일성이 소련식 공산주의 나라 를 세웠다.

일일이 열거하자면 끝도 없겠지만 이렇게 중, 일, 미, 러 등 주변 강대국 사이를 넘나들기를 거듭한 우리 역사를 생각하면 길을 가 다가도 멈춰 한참이나 멍해지지 않으면 그가 어찌 대한국인이겠 는가. 그런데 변절에 변절을 거듭한 것은 나라의 일만은 아니다. 우리 집안을 봐도 우리 아버지는 일제와 해방 후의 좌우 대립, 6·25, 인공, 수복 후 또 이승만의 자유당 정권, 박정희의 공화당 정 권, 전두환 정권을 거치며 그때마다 입장을 바꿔 살아남기에 급급 했다. 일제 때는 어떻게 해서든지 일본국의 충실한 신민이 되어 소위 출세라는 것을 해볼까 엿보다가, 해방 후에는 이승만 박사를 건국의 아버지로 떠받들며 정치에 진출하려 했고, 막상 6·25가 나 고 인공이 되자 이젠 또 좌우에 양다리 걸치며 살아 남으려고 발 버둥쳤다고 본인 스스로 말했다. 통일주체국민회의 대의원이 되어 장충체육관에서 박정희를 대통령으로 뽑은 것을 자랑했고 전두환이 대통령이 되자 '그 놈이 남자다!' 라며 동네 깡패들 삼청교육대로 다 잡아갔다고 시원해했다. 말하자면 우리 아버지는 어떤 경우에도 자신의 생존과 자손 번식을 위해 변절을 거듭하며 시대에 잘도 적응하며 살았다는 말이다.

나라고 별 수 있었을까. 내가 만약 전라도가 아닌 함경도 어느 시골마을에서 태어나 동네 이장이라도 하고 있다면 지금 아마도 김정은 '대원수' 에게 충성을 맹세하고 있을 것이다. 역시 나 자신의 생존과 자손의 번식을 위해서 시대에 따라 사상적 입장과 행동을 바꿨을 것이 틀림없다. 누구든 크게 다르지 않았을 것이다. 가령 일제 때 독립운동을 한 극소수 독립운동가처럼 자신과 가족을 버리고 오직 민족의 생존과 번영을 도모한 진짜 애국자 말고는 열에 아홉은 우리 아버지나 나처럼 시대에 적응하며 자신의 생존과 자손의 번성을 기하였을 것이다.

이렇듯 인간의 이념도 가치도 신앙도 그리고 민족이나 국가에 대한 태도도 항상 변한다. 그래서 언제나 상대적인 현상 즉 '겉' 일 뿐, 삶의 절대적 진실인 본질 즉 '속' 은 아니다.

그럼 우리 삶의 '속' 은 무엇일까? 단군 이래 고려, 조선, 일제, 인공, 대한민국 등 과거와 현재뿐 아니라 미래에도 또 아시아, 유럽, 아프리카, 아메리카 지구 어느 곳에서도 기독교인, 불교도, 무슬림 등 종교가 달라도 또 흑인, 황인, 백인 등 인종도 가릴 것 없이 동서고금 누구에게나 무한정 계속될 인간의 삶 그 자체만이 절대적이고 영원하지 않을까? 사람은 자신의 생존과 자손의 번식을 위해 산다는 것만이 변할 수 없는 삶의 본질이 아닐까.

사람은 돈으로 산다

그럼 사람은 무엇으로 사는가? 가슴을 열고 곰곰이 생각해보면 즉시 대답이 나온다. 먼저 생존을 위한 의식주와 건강, 자손을 번식하기 위한 사랑(섹스)이야말로 사람이 추구하는 절대 가치라는 정답 말이다. 겨우 입고 먹고 자고 이성과 사랑하는 것이 인생의 가치라고? 그렇다. 맞다! 천박하다고? 무슨 소리? 그것이 자연이고 인간의 본성이다. 자연에 천박이며 심후深厚가 어디 있는가. 인간의 본성에 도덕이며 윤리가 어디 있는가. 자연은 자연 그대로일 뿐이다. 그리고 인간은 동물이지 않은가. 유전자의 명령에 따라 자신의 생존과 자손의 번식을 위해 사는 동물이란 말이다. 그리고 어떤 동물이건 먹고 자고 섹스 찾아 어슬렁거리는 것이 하루 일과의 전부다. 우리가 불교, 유교, 기독교에 젖어서인지 아니면 그리고 거짓 선지자들의 곡학아세曲學阿世에 젖어서인지 입고 먹고 자고 사랑하는 것을 천박하게 생각할지 모르지만 이런 생각이야말로 자연에 윤리의 잣대를 갖다 대려는 천박한 사고임에 틀림없다. 자연은 그냥 자연이고 인간의 본성은 그냥 인간의 본성일 뿐인 것이다.

그렇지만 인간에겐 문화가 있지 않느냐고? 물론이다. 인간에겐 문화가 있다. 문화가 있어서 이런 인간의 본성을 잘 포장하고 있을 뿐 포장지 한 겹만 벗기면 인간도 동물이다. 그리고 문화조차 결국 인간의 생존과 자손 번식에 도움이 되지 않으면 소멸되어버리고 마는 것은 앞에서도 말한 바 있다. 결국 문화도 인간이 더 잘 입고 잘 먹고 잘 자고 잘 사랑하기 위한 수단에 불과하단 말이다.

그렇다면 사람이 의식주와 건강과 사랑을 얻기 위해서는 무엇이 필요한가? 먼저 의식주부터 보자. 인간의 역사란 결국 남보다 더 좋은 옷을 입고, 더 맛있는 음식 먹으며, 더 좋은 집에서 살려는 투쟁 그 자체라고 해도 과언이 아니다. 그렇다면 무엇으로 이 의식주의 욕구를 채우는가. 말할 것도 없이 돈이다. 돈!

또 잃으면 모든 것을 잃는다는 건강은 어떻게 지켜지나. 그리고 어떻게 해야 오래 사나. 우선 의식주가 풍족하여 충분한 영양을

섭취하고 거친 자연으로부터 몸을 보호하며, 혹 병이라도 나면 좋은 의사한테 치료받아야 할 것 아닌가. 어떻게? 돈으로! 그렇지만 돈으로 사람을 살릴 수는 없지 않느냐고? 그럼 돈 말고 무엇이 사람을 살리는가? 1950년대 후반까지도 우리나라 사람들의 평균 수명이 50세 조금 넘었다. 그땐 정말 그랬다. 환갑만 살아도 살 만큼 살았다며 잔치를 열고 일흔을 넘기면 '고래희古來稀'를 기념해서 군수가 놋그릇을 보내올 정도였으니 말이다. 애들은 돌을 못 넘기고 죽기 일쑤여서 사선을 넘은 기념으로 돌잔치가 푸짐했다. 지금도 고향에 가면 동네 할머니들이 이런 말을 하곤 한다. "누구 집은 누구 위에 사내 둘 죽고 아래로 계집 하나 죽고 여섯 남았다." 이렇게 집집마다 몇씩 죽어나가던 어린 아이들을 살려 내고, 단군 이래 우리를 괴롭혀 왔던 소아마비, 홍역, 콜레라 등 무서운 병들을 이 땅에서는 아예 발도 못 붙이게 하고, 암과 치매까지도 어느 정도 극복해서 100세를 노래 부르고, 그래서 죽을 사람을 살린 수많은 의료혁명을 도대체 무엇이 만들어냈단 말인가. 예수님도 어쩌지 못해 당시 유대인의 평균수명이 40세에 불과 했다는데 오늘날 여든 살을 넘게 살게 된 것이 누구 덕인가. 무엇이 죽을 사람을 살려 놓았는가.

그렇다! 모두 의사들과 과학자들의 돈 욕심 덕분이 아니고 무엇

41

인가. 돈이 생기지 않는데 누가 편안한 휴식을 마다하고 연구실에서 흰쥐들과 씨름하며 밤을 지새울까? 어떻게든 돈방석에 앉아 보겠다는 이기심이 의사와 과학자들을 죽을 목숨도 살리는 구세주로 만든 거다. 돈이 사람을 살려낸 것이란 말이다. 결국 사람은 돈으로 산다는 말이다.

그럼 사랑은?《당신 참 좋아 보이네요》의 저자 루이스 월퍼트Lewis Wolpert 교수가 노인들에게 '만약 과거로 돌아갈 수 있다면 인생에서 바꾸고 싶은 일은 무엇인가?' 라고 물었는데 '섹스를 더 많이 할 걸' 이 첫 번째고 '다른 여자와 결혼할 걸' 이 세 번째로 많은 대답이었단다. 아하! 저절로 무릎이 쳐지지 않은가? 그렇지! 인생은 자손번식이지! 섹스를 통해 자손을 번식하고 자손을 통해 영원히 사는 것이지. 영생하는 거지. 그래서 천재 과학자도, 천치도, 억만장자도, 거지도, 영웅호걸도, 장삼이사도 삶의 궁극적 목표는 남녀 간의 사랑이다.

동서고금을 막론하고 여성들에게는 아름다워 지려는 욕구가 넘쳐났고 지금도 그렇고 미래에도 그럴 것이다. 모두 더 잘 생기고 돈 있고 권력 있고 명예 있는 남성에게 선택받고 싶은 무의식의 발로가 아닐까? 남성도 마찬가지다. 돈, 권력, 명예를 얻어 남성다움을 과시하려한다. 여성에게서 사랑을 받고 싶기 때문이다. 요즘의 젊은 남성들은 식스팩의 복근을 만드는 것은 물론 미용에도 열중해 성적매력을 높이려 한다. 사회 경제적 지위가 높아진 여성들에게 선택받기 위함이라고 한다면 과한 얘기가 될까? 이것이 인간의 본성이고 자연이다. 물론 이 사랑에도 돈이 필요하다. 잘 생기고 능력 있는 상대, 다시 말해 매력 있는 이성이 되기 위해서 돈없이 되는 일이 있는가? 사랑도 결국 돈인 것은 말할 것도 없다.

이렇듯 작거나 크거나 구체적이거나 추상적이거나 자신의 생존과 자손의 번식을 위해 사는 사람이 원하는 모든 것들의 뿌리에는 반드시 의식주, 건강, 남녀 간의 사랑이 있다. 한 차원 달리하여 말하면 이 세 가지를 얻기 위한 돈, 돈을 남에게 강제할 수 있는 권력, 남의 존경을 받아 돈과 권력을 쉽게 얻을 수 있는 명예 이 세가지라고 할 수 있겠다.

여기서 권력이 돈을 타인에게 강제할 수 있을 뿐 아니라 명예도 가져다주고 명예가 돈과 권력을 얻기 쉽게 해준다는 의미에서 돈이 곧 권력이고 명예이며 그 역도 '참' 이다. 다시 말해 돈, 권력, 명예는 삼위일체. '정말? 하고 의심하는 사람들이 있다면 딴 소리 할 필요 없다. 돈 많은 재벌 회장이 대통령에 버금가는, 때론 그보다 더한 권력도 명예도 가진 것을 보면 된다.

천민자본주의의 나라 우리나라라서 그렇다고? 500여 년 전에

보티첼리가 그려 지금은 피렌체의 우피치 미술관에 걸린 '동방박사의 경배'를 보라. 당시 이미 고인이 된 메디치가의 은행가 코시모가 예수의 발을 닦고 있고 두 아들 피에로와 요한도 동방박사로 그려져 있다. 당시 교황조차도 왕으로 인정하던 권력과 예수의 발을 닦는 명예를 한꺼번에 얻은 것이 모두 메디치가의 돈의 힘이 아니고 무엇인가. 이렇듯 세상의 온갖 상도, 형벌도, 문학도, 예술도, 철학도, 이념도, 종교도 돈, 권력, 명예라는 이 세 가지 가치에 뿌리 닿고 있다. 그렇다면 이것들이야말로 우리 인간이 추구하는 가장 기본적인 가치가 아닐까?

우리 인생을 한 그루의 나무에 비유한다면 '사람의 욕구 나무'를 다음 그림처럼 그릴 수 있지 않을까? 그리고 이것들의 뿌리에는 이 세 가지 욕구를 남보다 더 많이 충족하기 위해 자신의 가능성을 최대한 발휘하고 싶어하는 '자아실현'의 욕구와 남 보다 더 크게 성취했을 때 '뽐내고 싶은 욕구' 즉 자랑욕심이 있다고 할 수 있지 않을까?

이것뿐이냐고? 난 내가 믿는 종교를 위해 죽을 수도 있다고? 난 밥값 옷값 아껴 여행을 한다고? 독서를 못하면 목구멍에 가시가 돋는다고? 당연할 것이다! 물론 사람마다 이들 의식주와 건강과 사랑만큼 욕구하는 다른 것이 있을 수 있다. 그렇지만 인간에게 공통적인 그리고 근본적인 욕구라면 이 세 가지로 볼 수 있다 이 말이다.

- 인간의 욕구 나무 -

세상을 널리 이롭게 하는
홍익인간이 돈을 번다!

그럼 누가 돈을 버는가? 내가 지금 몸에 걸친 옷을 예로 들어 생각해보자. 지금 내가 입고 있는 이 유니클로 흰색 셔츠는 29,900원이다. 그런데 이 셔츠를 사기 위해 나는 얼마까지 낼 용의가 있었을까? 만약 이 셔츠가 10만 원이었더라면 3만 원을 더 내더라도 옆집 폴로의 13만 원짜리 셔츠를 샀을 것이다. 폴로가 새겨진 브랜드를 자랑할 수 있지 않은가. 7만 원이라도 너무 비싸다고 생각했을 거다. 한 5만 원 정도였다면 틀림없이 나는 이 유니클로 셔츠를 샀을 것 같다.

이럴 때 나에게 이 유니클로 셔츠의 가치는 5만 원이라고 할 수 있지 않겠는가. 나는 나에게 5만 원의 가치가 있는 이 유니클로 셔츠를 29,900원에 산 것이다. 역으로 말하면 유니클로는 나에게 20,100원이라는 가치를 공짜로 준 것이라고 할 수 있다. 유니클로가 나에게 좋은 일 20,100원 어치를 한 셈이다.

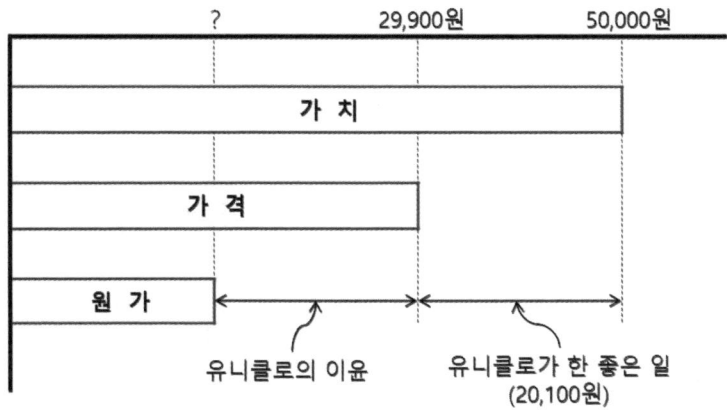

| ? | 29,900원 | 50,000원 |

가 치

가 격

원 가

유니클로의 이윤

유니클로가 한 좋은 일
(20,100원)

- 가치, 가격, 원가 -

왜 유니클로가 나한테 좋은 일을 하느냐고? 물론 자기들 돈 벌려고 그렇게 한 것이다. 유니클로는 어떻게든 최대한의 이윤을 내기 위해 갖은 노력을 다할 것이다.

우선 제품의 품질이 좋아야 까다로운 소비자들이 사려 들 것이므로 좋은 원자재를 들여오고, 새로운 기술을 개발하고, 유능한 디자이너를 고용하고, 경영을 잘하는 사장을 많은 돈을 주고까지 모셔오고, 천문학적인 광고비를 들여 광고도 할 것이다. 한편 원가를 줄이기 위해 세상 온데 시장을 뒤져 싸고 품질 좋은 원자재를 들여올 것이다. 인건비를 줄이기 위해 인도의 어린이 노동력까지 활용할 지도 모른다. 세금도 아끼고, 전기세도 아끼는 등 갖은 노력을 다 할 것이다.

가격이야 많이 받으면 받을수록 좋을 것이다. 그렇지만 소비자들은 다른 브랜드 셔츠의 가격, 품질을 다 조사 비교해 보고 가치에서 가격을 뺀 이른바 '소비자 잉여'가 제일 큰 셔츠를 살 것 아닌가.

그러니 함부로 가격을 올릴 수는 없을 것이다. 그렇게 죽을 둥 살 둥 가격과 품질을 가지고 자기 나라 안의 다른 셔츠 회사뿐 아니라 세상의 모든 셔츠 회사들과 치열한 경쟁을 할 것이다. 품질을 너무 높이면 원가가 올라가고 품질이 좋지 않으면 소비자가 얼씬도 하지 않을 것이다. 가격이 너무 높으면 판매량이 줄어서 너무 싸면 이윤이 적어서 결국 회사는 타격을 입고 심하면 망할 수도 있을 것이다. 아무튼 회사의 모든 활동이 오직 어떻게 이윤을 최대로 할 수 있느냐에 집중될 것이다.

그런데 바로 이 회사의 이런 이기적인 노력이 셔츠를 사는 나에게는 20,100원이라는 가치를 거저 주는 좋은 일로 나타났다. 바로 이거다. 어떻게든 돈을 벌려는 이기심이 결국 타인을 이롭게 하는 이타적인 행동으로 나타난 것이다. 이것이 자유시장이다. 유니클로만이 아니다. 세상의 모든 회사가 그렇다. 기업만이 아니다. 이 세상 누구라도 대통령도, 재벌기업 오너도, 회사원도, 소설가도, 시인도, 무속인도, 공무원도, 교사도, 자영업자도, 중소기업인도, 의사도, 변호사도, 목사도, 스님도, 신부도, 소장수도, 빵장수도 이런 시장 원리에 따라 일하고 돈 벌고 그것을 통해서 세상에 좋은 일을 하고 있는 거다. 사기와 강제가 없는 자유로운 시장에서는 누구든 이기적 이타주의자가 된다. 세상을 널리 이롭게 하는 홍익인간이 된다. 그리고 이런 홍익인간들이 돈과 권력과 명예를 얻는다. 이것이 세상의 이치다.

이 세상은 이기적인
이타행의 천국

꽃들이 흐드러지게 피어 넘치고 벌과 나비가 나는 정원을 보라. 얼마나 아름답고 얼마나 향기로운가. 그런데 한번 곰곰이 생각해 보라. 화단의 꽃들이 모두 스스로 그렇게 아름답고 향기로운 이유가 뭘까? 가능한 한 최고로 아름다운 색깔과 향기로 여기 내 몸에 달콤한 꿀과 맛있는 꽃가루가 있다는 것을 멀리까지 알려 벌과 나비를 유인하기 위해서 임은 물론이다. 벌과 나비를 통해 수정하여 자손을 번식하기 위해서다. 벌이나 나비는 왜 그렇게 부지런히 꽃에 몰려드는가? 꿀과 꽃가루를 따서 자신도 생존하고 자식에게도 먹여 번식하기 위해서다. 이 꽃과 벌과 나비에게 자신의 생존과 자손번식이라는 이기적 목적 외에 다른 어떤 이타적인 목적이 있을 수 있는가. 그런데도 남을 먹여 살리고 남의 꽃들을 수정시켜 자손을 번식시켜 주지 않는가? 정원의 꽃도 벌과 나비도 모두들 이렇게 이기적인 이타행을 하고 있는 것이다.

아름다운 꽃동산만 이겠는가? 물론 사람도 예외가 아니다. 사람 사는 세상도 '만인의 만인에 대한 투쟁'이 동전의 한 면이라면 '만인의 만인에 대한 선행'이 동전의 다른 한 면이란 말이 된다.

세상에 천국이, 그리고 극락이 있다면 어떤 곳인가? 우리 집 현관문에 꽂혀 있는 어느 종교단체의 팸플릿에 그려진 그림이 아마도 천국의 모습을 묘사한 것일 것이다. 골프장처럼 깔끔하게 잔디가 자라고 아름다운 호수와 작은 폭포가 어우러진 산기슭 어느 곳을 깨끗한 옷차림의 부부가 역시 때때옷을 입은 어린 아들딸과 함께 산책하고 그 뒤를 예쁜 강아지가 따르고 있다. 주위에는 복숭아꽃 살구꽃에 아기 진달래까지 피어있다. 그렇지만 하루 종일 하는 일 없이 부부가 어린애와 강아지를 데리고 복숭아꽃, 살구꽃, 아기 진달래를 쳐다보며 빈둥거리는 곳이 천국이라면 나는 그런

50

천국에는 가고 싶지 않다. 극락은 어떤가? 모두들 해탈하여 모든 욕심을 버렸을 것이다. 맛있는 음식을 보고도 식욕이 나지 않고 아름다운 여성을 보아도 마음의 동요는 물론 없을 것이다. 식욕도 성욕도 없는 이런 곳이 극락이라면 나는 지금 내가 사는 '고통의 바다'가 백 배는 좋다. 나에게는 지금 우리가 사는 이곳 '이기적 인 이타행의 세상'이 바로 천국이고 극락이라는 말이다. 정말이지 그렇지 않은가. 지구라는 시장바닥에서 모두가 장사치가 되어 서 로가 서로를 위해 죽을 둥 살 둥 좋은 일하는 곳, 이 곳 저잣거리 자유시장이 바로 천국이며 극락이 아니고 무엇인가.

ㅎ

황금만능주의 비판에
대한 비판

사람이 돈으로 산다고 그래서 황금이 만능이라고하면 모두들 흐르는 물에 귀라도 씻을 만큼 기겁을 한다. 우리나라 사람이라면 남녀노소를 불문하고 그렇다. 그래서 아직도 계급사회의 윤리에 젖어 양반 상놈이나 찾고, 자본주의도 자유시장도 모르는 사람들 에게 좀 뜬금없는 얘기 한번 해보자. 실학實學 얘기다. 실학 하면 조선 후기 홍대용이 어떻고, 연암 박지원의 '열하일기'가 어떻고, 추사가 어떻고, 다산이 어떻고 한다. 아무튼 칭송 일변도인 것만은 사실이다. 그런데 실학을 조선 후기에 그 사람들만 했던 것은 아니다. 어떤 시대건 사회 전체가 한쪽으로 지나치게 흐르면 가령 형이상학에 지나치게 기울면 그것이 '허학虛學'이 되고 그 '정正'에 대한 '반反'으로 형이하학 실학이 나오는 거다. 언제나 그렇다. 당나라에 지나치게 의존하는 통일신라의 허학에 맞서 고구려를 계승한다는 실학이 고려의 건국이념이 되었고, 고려의 불교가 지나치게 형식화하고 귀족의 호사가 극에 달하자 이 허학에 대한 '반'으로 성리학과 민본주의라는 실학이 조선의 건국이념이 되었다.

조선이 안정되고 먹고 살 만 해지자 이젠 인간은 어떻게 살아야 한다는 소위 경학經學(의리지학義理之學)이 실학이 되었다. 이 경학도 너무나 형이상학에 빠져 허학이 되어버린 조선 후기에 이르러서는 '경제지학' 요즈음으로 말하면 정치, 경제, 외교 등 백성들이 먹고 사는 문제를 다룬 형이하학이 실학으로 등장했다. 실학 하면 누군가? 홍대용이며 박지원 아닌가? 이런 사람들은 성리학의 품을 벗어나 청나라의 문물을 수입하는 소위 북학北學을 중시했는데 이 북학이라는 것이 뭔가? 생산성이 낮은 농업에만 빠져있지 말고 상공업도 발전시켜 잘 먹고 잘 사는 사회를 만들자는 얘기 아닌가.

조선 후기까지도 우리나라 사람들의 신분이 양반, 중인, 상민, 천민의 네 단계로 나뉘어 있었다는 것은 모두가 아는 대로다. 그 중 의역율산醫譯律算을 담당하던 중인들, 오늘날로 말하면 의사, 통역사, 법조인, 회계사 같은 직업을 가진 사람들이 전문적인 지식과 경제력으로 이 실학의 핵심세력으로 등장하지 않았는가. 따지고 보면 조선시대에도 황금은 만능이었지만 생각까지 황금이 만능이 되기 시작한 것은 이 실학자들이 최초라고 할 수 있다.

그 후 일제를 거치고 이승만의 자유시장 도입 그리고 박정희의 경제개발기를 거치면서 이 형이하학 황금만능주의가 드디어 우리 사회의 실학이 된 거다. 이런 나의 역사관을 믿거나 말거나 내가 한 가지 분명히 해두고 싶은 것은 있다. '돈으로 행복을 살 수 없다' 라고, 심지어 '세상이 온통 돈 타령' 이라며 목소리를 높이고 땅이 꺼지게 한탄하는 사람들이 실은 오히려 더 황금에 눈이 어두워 있단 말이다.

예외가 없다. 멀리 갈 것도 없다. 돈을 가장 멀리 해야 할 것 같은 교회에, 절에 가보라. 스님의 설법 그리고 목사님의 설교 중 반은 시주와 헌금 얘기다. 도시의 경쟁과 돈타령이 싫어 깊은 산 속에 들어갔다는 사람들조차도 다들 돈 벌려고 약초 캐고, 찻집 내고, 술집 내고, 음식점 열고, 사진 찍고 그림 그려 갤러리 열고, 펜션 지어 방 빌려주고, 책 쓰고 시 써서 돈 벌고 유명해지고 싶어 더 안달을 한다. 수도원에 숨어도, 토굴에 숨어도, 기도원에 숨어도 다 마찬가지다. 모두 자신이 의도하든 안 하든 스스로 자각하든 못하든 돈을 그리고 돈의 다른 표현인 권력과 명예를 추구하면서 살고 있다.

그런데 왜 요즘 들어 공개적으로 이 황금만능주의가 세상을 휩쓸며 야단일까? 대답은 간단하다. 조선 후기 실학자들이 그랬던 것처럼 세상 사람들이 지혜로워졌기 때문이다. 지혜? 그렇다. 억눌린 피지배자들이 삶의 진실을 알고 지혜로워져버린 것이 이유다. 예전엔 사람 사는 곳에는 반드시 존재했던 한 줌 양반들이 '돈, 권력, 명예 이런 것들은 하늘이 우리 양반에게만 주신 것이다. 그러니 천하고 무식한 너희 상것들은 황금을 돌보듯 하고, 감히 우리 자리는 넘보지도 말며 그냥 우리를 믿고 열심히 성실하게 일만 해라. 그러면 우리가 왕에게, 황제에게, 옥황상제에게, 하느님께, 신에게 잘 말씀드려 다음 세상에서는 너희들도 우리와 같이 천국이건 천당이건 극락이건 좋은 곳에 가서 거기서도 내 시중 열심히 들며 살 수 있도록 해주겠다'고 한 것이다.

이런 종류의 거짓말을 무식한 상놈들은 자자손손 수천 년을 곧

이 곧대로 믿고 자신들의 목숨과 바꿔가며 열심히 성실하게 그리고 진실하게 피라미드를, 바벨탑을, 베드로성당을, 만리장성을 쌓아 올렸던 거다. 그러다 애덤 스미스는 물론 조선의 실학자들 같은 사상의 위대한 반란자들이 황금이 만능이며 이 황금을 좇는 것이 곧 세상을 이롭게 한다는 사실을 까발려 버린 것이다. 그러자 지배받던 보통사람들도 이들 양반들의 거짓말에 더 이상 속지 않을 만큼 똑똑해져서 돈이 만능이며 돈 버는 것이 진정한 홍익인간이 되는 길이라는 것을 알아 차려 버린 것이다.

황금만능주의야말로 사람의 삶의 진실이고 최근 300년 동안의 인류 역사상 미증유의 인구 증가, 생산성 증가, 생활수준의 향상, 하층민의 지위 향상, 평균수명 증가, 민주적인 정치제도 이 모든 것의 원천이 되었다. 자자손손 물려주던 상놈 낙인을 버리고 돈을 벌어 양반으로 승격하고 양반도 돈 없으면 상놈으로 떨어지는 진정한 기회의 세상이 이 황금만능주의에서 나온 거다. 결국 황금만능주의가 사람의 삶의 이유인 자신의 생존과 자손의 번식에 가장 좋은 세상을 만든 것이다.

3 장

사람은 무엇하며 사는가

무엇을 하면 행복하게 성공할까?

자기 하고 싶은 일을 하라고? No!

일과 직업 얘기만 나오면 너도나도 사방천지 전문가 투성이다.

그리고 이들 자칭 전문가들 백이면 백, 자기 좋은 일 하라고 한다. 길지도 않은 인생 자기 좋아하는 일 하면서 사는 것이 행복이란다. 그리고 모두들 당연한 듯 받아들인다. 그런데 정말 그럴까? 실은 뭘 몰라도 한참 몰라서 하는 소리다. 다 먹고 살 만한 팔자 좋은 사람들의 얘기다. 자기 아들딸의 문제가 아니기 때문에 그냥 남 듣기 좋으라고 하는 말이다. 이들 팔자 좋은 상팔자들의 입방정 따위야 한 귀로 듣고 한 귀로 흘려라.

왜냐? 우선 자기 하고 싶은 일을 찾기도 어렵지만 찾았다 해도 이 자기 하고 싶은 일이란 것이 수시로 바뀌기 때문이다. 정말이다. 조변석개朝變夕改한다.

어제까지 죽고 못 살며 쪽쪽 빨던 커플이라도 결혼식 끝나고 식장을 나오는 순간 신랑의 눈에는 다른 여자가 예뻐 보이는 법이다. 연인이 되어 1년도 지나지 않아 돌아서는 경우도 다반사고 우리나라 20대의 실질적인 이혼율이 50퍼센트에 달한다고 말하는 이혼 전문변호사도 있다. 자기 좋아하는 사람조차 이렇게 수시로 바뀐다.

마음을 끄는 이성의 스타일조차도 나이 들면서 달라지고 또 달라진다. 시골 면 소재지 초등학교에 다니던 새까만 촌놈이었던 나는 광주에서 학교 다니다 방학 때마다 내려오는 얼굴이 하얗고 볼이 통통한 스타일의 여자애가 좋았다. 천사 같았다. 천사에게 말을 건네볼 엄두도 못냈다. 서울로 학교를 옮기고 나니 초등시절의 그 짝사랑 광주 여자애 소식 정도야 궁금하지 않았다. 목구멍으로 살살 넘어가는 서울말 쓰는 여학생이면 무조건 좋았다.

상경한 지 한 5년 지나 전라도 말씨를 어느 정도 감출 수 있게 되고 대학생도 되자 이젠 얼굴이 좀 가무잡잡한 건강미 넘치는 여대생이 눈에 들어왔다. 영어회화 공부한답시고 시사영어 회화 책을 옆구리에 끼고 왔다 갔다 하는 좀 시건방진 여학생이면 금상첨

화였다. 그리고 나서도 또 변했다. 직장생활을 하고 일본어를 배우면서는 이젠 오피스걸 스타일의 일본여성이 좋아졌다. 우리나라 여성보다 덜 거칠고 어딘지 덜 까져보이는 바로 그런 여성 말이다. 그러다 마흔이 넘자 이젠 좀 뜬금없어졌다. 약간은 창백해 보이고 뭔가 과거가 있을 것 같은 그런 여성이 대화가 좀 통할 것 같았다. 지금 오십 대 중반을 넘어 빈털터리가 되고 보니 다른 것 다 필요 없고 밥값을 더치페이 하자거나 자기가 먼저 내는 여자가 제일 멋져 보인다. 만약 내가 앞으로 30년을 더 산다면 적어도 열 번은 더 여성미가 바뀔 거다.

이성에 대한 아름다움조차 이렇게 수시로 바뀌는 것이 사람이다. 하물며 직업이란 밥벌이 수단이 아닌가. 밥벌이라는 것이 속을 들여다보면 대부분 재미는 커녕 단순한 일의 반복이다. 드디어 내가 좋아하는 일을 찾았다며 좋아라 반복하다보면 금방 싫증나고 또 새롭게 좋아진 것을 찾아 반복해보면 이것도 역시 따분해지고 만다. 이런 변화는 일생에 걸쳐 몇 십 번이고 일어나는 것이 보통의 일이다.

'자기 하고 싶은 일을 하라고? No!' 인 이유는 또 있다. 산에 가면 중 되고 싶고 바다에 가면 뱃사공 되고 싶은 법이다. TV에서 아프리카 어디에 가서 봉사하다 돌아가신 이태석 신부님 얘기를 접하면 의사 신부가 되어 아프리카로 가고 싶어질 것이다. 119 대원의 활약상을 보고 나면 소방관이 되고 싶고 범죄자를 응징하는 경찰관을 보면 이번에는 경찰이 되고 싶어진다. 사람은 누구나 그렇다. 먼 데 풀이 푸르고 남의 떡이 커 보이는 법이다. 회사원은 공무원이 철밥통에 영원한 '갑' 이라며 제일이라 하고 공무원은 요즘 세상에 50대 초반이면 다 잘리는데 철밥통은 무슨 놈의 철밥통이냐며 오히려 월급 많은 회사원을 부러워한다. 봉급쟁이는 의사나 변호사 같은 전문직을 부러워하지만, 전문직들은 '점빵' 하나 내놓고 하루 종일 앉아 손님 기다려야 하고 세월 가면 승진하는 맛도 없어 죽겠단다. 다 이런 식이다.

또 있다. 사람은 누구를 막론하고 일하고 공부하는 것은 싫고 노는 것은 좋은 법이다. 그러니 사람들이 하고 싶은 일이란 것은 주로 노는 것 비슷한 일이다. 돈이 안 되는 일이다. 밥벌이가 안 되는 일이다. 자신의 생존과 자손의 번식이라는 '사람이 사는 이유'에 별로 도움이 안 되는 일이다. 말하자면 직업이랄 수도 없는 일이 대부분이다. 이럴진데 어찌 자기 하고 싶은 일 타령을 할 수 있겠는가. '자기 하고 싶은 일을 하라고? No?' 라고 말하는 또 하나의 이유다.

그런데 이 '자기 하고 싶은 일을 하라고?' 라는 질문에 '천만에!'

라고 하지 않고 그냥 'No!'라고 한 이유가 무엇일까? 많이 접해서 흥미를 갖다 보면 어느덧 잘해지는 것이 또한 일이기 때문이다.

음악가 부모 밑에서 자란 아이가 음악을 하게 될 확률이 높은 것은 유전 탓이기도 하겠지만 어릴 적부터 날마다 음악을 접하고 살아 자연스레 좋아하게 되고 어느 정도 잘하게 되었기 때문일 것이다. 다른 직업의 경우도 다 그렇다. 한의사 집에서 태어나 어릴 때부터 침과 약초를 만지며 살아온 사람은 고등학생만 되어도 웬만한 한의사 뺨치게 침 잘 놓는다. 심지어 약 처방까지 한다. 장사하는 집에서 자라면 이재에 흥미를 느끼고 부자가 되는 경우가 많고 목회자의 아들이 목사 되는 비율이 높은 것과 일맥상통한다.

초등학교 시절 IQ가 반에서 중간 밖에 안 되던 내가 전교 1등을 하고 공부로 그럭저럭 먹고사는 이유가 뭔가. 다른 애들 모두 산에 땔나무 하러 다닐 때 아버지의 훈도 아래 대청마루에서 동아전과 읽고 표준수련장을 풀다보니 내 적성과는 무관하게 공부에 흥미를 느끼게 되고 또 어느 정도는 잘하게 되었기 때문임은 말할 것도 없다. '자기 하고 싶은 일을 하라고?'에 '천만에!'라고 단호하지 않고 부드럽게 'No!'라고 답하는 이유이다.

제일 잘 할 수 있는 일을 하라고? Absolutely!

국어사전에서 '직업'을 찾아보자. '생계를 유지하기 위하여 자신의 적성과 능력에 따라 일정한 기간 동안 계속하여 종사하는 일'이 직업이다.

국어사전의 이 '생계를 유지하기 위하여'에 사람이 왜 자신의 적성과 능력에 맞는 일을 해야 하는지의 답이 있다. 인간의 욕구는 끝이 없는데 자원은 언제나 희소하다. 인간은 살아남기 위해 이 희소한 자원을 놓고 치열하게 경쟁할 수밖에 없다. 이것이 자연과 사회의 원리다. 이 희소한 자원을 차지하기에 유리한 형질을 가진 인간이 더 많은 자원을 차지하여 생존하고 계속 자손을 번식하며 진화는 계속된다. 그렇지 못한 인간은 도태되고 만다.

그래서 '생계를 유지하려면' 다시 말해 스스로 살아남고 자신의 자손을 번식하여 유전자를 세세만년 퍼뜨리려면 부모에게 받은 유리한 형질을 활용해서 경쟁에서 이겨야만 한다. 남보다 잘해야 남을 이긴다. 이기면 재미있어진다. 재미있어지면 좋아하게 되고, 좋아하면 즐기게 되고, 즐기면서 일하면 더 잘하게 되는 것은 자연스럽다. 더 잘하면 더 크게 이기게 되고 돈 벌고 권력을 얻고 유명해진다. 자랑스러워진다. 돈도 권력도 명예도 자아실현의 욕구도 남 앞에서 뽐내고 싶은 욕구도 뿌듯이 충족하게 된다. 진정한 행복을 얻게 된다. 자신만 행복해지는 것이 아니다. 세상을 널리 이롭게 하는 일을 제일 많이 할 수 있다. 더 큰 홍익인간이 될 수 있다. '제일 잘할 수 있는 일을 하라고? Absolutely!' 인 이유다.

그렇다. 자신이 잘할 수 있는 일, 그것도 아주 특별히 잘하는 일을 해야 한다. 그래야 희소한 자원을 차지하기 위한 경쟁에서 이겨 '생계를 유지' 할 수 있다는 말이다.

잘 한다고 하지만 직업에 따라 그 잘 해야 하는 정도가 천차만별임은 물론이다. 상위 1%가 되어야 하는 직업도 있고 어떤 것은 상위 0.1%가 되어야 하는 경우도 있을 것이다. 그 중 세상에서 제일 쉽다는 공부를 보자. 그런데 왜 공부가 제일 쉽냐고? 정말이다. 공부가 제일 쉽다. 가령 사업을 하려면 두뇌도 체력도 뛰어나야 하지만 무엇보다 돈이 있어야 한다. 아무리 조그만 사업을 하려 해도 수 억 대의 천문학적인 돈이 든다. 부모가 그 큰 돈을 대거나 아니면 자신이 스스로 돈을 마련해야 하는데 대한민국 부모중 도대체 몇 사람이 그 정도의 돈을 자식의 사업비로 내놓을 수 있겠는가. 더구나 젊은이가 그 정도의 돈을 마련하려면 거의 평생이 걸릴 것이다. 어찌 어찌하여 사업을 시작한 후에도 하루 24시간 거친 수고를 마다하지 않아야 할 것이다.

이렇게 해도 언제 망할지 모른다. 위험하기 짝이 없다는 말이다.

그런데 공부는 길어봐야 한 3년 자신만 열심히 하면 성과가 나온다. 그것도 쾌적한 실내에서 책장이나 넘기며 말이다. 부모의 경제력도 거의 필요 없다. 한마디로 시간과 돈과 노고의 투자가 다른 어떤 일보다 적다. 혹 망할지 모른다는 위험 부담도 없다. 해 놓은 공부가 하루아침에 없어져 버릴 수는 없지 않는가. 그래서 부모들이 '공부! 공부!' 하는 것이다.

그러니 1020젊은이들은 우선 공부부터 하고 봐야 한다. 어느 한 과목이라도 상위 1퍼센트 안에 든다면 좋다. 이 과목을 전공으로 선택해야 한다. 상위 5퍼센트라도 아쉬운 대로 괜찮다. 가령 30~40명 한 반에서 어떤 과목이 1등 아니면 2등 정도라면 그 과목 공부로 성공하려고 한번 노력해 볼 만한 가치가 있다는 말이다.

이렇게 5퍼센트에도 들지 못하면, 그러니까 어떤 과목이든 반에서 1~2등 정도도 안되면 그 사람은 공부로 성공하기는 정말 힘들다. 그럼 공부를 포기해야 하나? 그것은 각자의 자유다. 어쨌든 만약 경제학자가 되겠다면 다른 과목은 다 제치고라도 고등학교 경제 과목에서 상위 5퍼센트에 들지 못하면 경제학 해서 밥 먹고 살기는 틀린 것이다. 일찍 경제학자 되기를 포기하고 자신이 잘하는 다른 길을 찾아보는 것이 좋다. 그렇다고 공부할 필요가 없다거나

65

하지 말라는 말은 물론 아니다. 공부로 성공하려고 돈과 시간을 투자할 가치는 없다는 얘기다. 자신이 상위 5퍼센트인 다른 쪽에 자신의 귀중한 시간과 돈을 투자하는 것이 훨씬 낫다는 말이다.

생고생하지 말라는 말이다. 늦되는 놈도 있지 않느냐고? 없다! 부모들은 자기 자식이라 끝까지 포기를 못해서 그리고 선생님들은 제 자식 아니니까 듣기 좋으라고 그리 말할 수는 있다. 말은 바른대로 하자. 10대 후반까지도 못하던 공부를 더 나이 들어 어느 날 갑자기 잘 하게 될 리가 있는가? '잘될 놈은 떡잎부터 안다' 라는 속담이 괜히 나왔겠는가. 늦게 공부해서 뭐 대학교수 된 사람도 있다고? 물론 많이 있다. 그렇지만 단언한다. 진짜 실력 있는 교수는 못된다. 교수입네 명함 들고 여기저기 다니면서 연구 용역이나 따러 다니거나, TV에 출연해서 삼척동자도 다 아는 얘기를 무슨 하버드에서만 배울 수 있는 것처럼 말해 세상의 웃음거리가 되거나, 쓰나 마나한 연구 논문을 수백 편 써서 허명은 날릴지 몰라도 진짜 쌈박한 학문적 성과는 내지 못한다.

공부뿐만이 아니다. 인간 세상의 일이 모두 그렇다. 그래서 부모가 자식에게 해주어야 할 가장 중요한 의무, 선생의 제자에 대한 가장 중요한 책무는 '네가 잘하는 일을 해야 한다' 라고 말해 주고 그 방향으로 진로 지도를 하는 일이다. 그런데 지금 우리나라의 현실은 어떤가. 부모건 선생님들이건 소위 사회적 멘토라는 사람들이 모두 천편일률이다. '그냥 너 좋아 하는 일을 해라' 라고 한다. 그래야 행복하나? 부모는 몰라서, 선생은 모르거나 무책임해서, 사회적 멘토라는 유명인들은 모르거나 무책임하거나 아니면 책 팔고 말 팔아 돈 벌고 인기 얻으려고 그러는 것이다.

마지막으로《해리 포터와 마법사의 돌》의 작가 조앤 K. 롤링의 말을 들어보자. 롤링은 한 인터뷰에서 이렇게 말했다. "내가 뭔가 해냈다는 것이 기쁘고 또 내가 잘하는 일이 하나 쯤 있다는 것을 알아서 기쁩니다. 사실 저는 다른 일에는 별로 쓸모가 없는 사람이었기 때문입니다. 비서직에 있을 때도 그랬고 사무직에 있을 때도 나와 함께 일한 사람들은 나처럼 조직적이지 못한 사람은 처음 봤다고 생각했을 것입니다. 나는 일에 서툴렀습니다. 잘하려고 할수록 더 헤매곤 했으니까요. 하지만 지금은 내가 잘 할 수 있는 일을 알았고 그 일을 할 때 행복합니다."

네 살 된 딸과 함께 영국 에딘버러의 단칸방에서 정부의 생활보조금으로 살던 롤링이 30대 초반이 되어서야 자신이 잘하는 일을 발견하여 세계 최고의 인기 소설을 쓰고 나서 한 말이다.

우리나라에는 9,298가지 직업이 있다

한국고용정보원에서 펴내는 '한국직업사전'에는 2012년 말 기준으로 5,385개의 '본직업' 정보가 수록되어 있다. 이 '본직업'과 직무의 대상 및 범위에 따라 나누어지는 가령 '본직업'이 직업상담원이라면 진로지도 상담원이나 직업지도 상담원 식의 3,913가지 '관련직업'까지 합하면 우리나라에는 9,298가지의 직업이 있는 셈이다.

또 '본직업'과 명칭만 다르지 사실상 동일한 '유사 명칭'도 2,357가지가 있지만 이것은 직업의 가짓수에는 포함되지 않는다.

이 '한국직업사전'은 우리가 상상할 수 있는 모든 직업을 상당히 정확하게 기술하고 있다. 진로와 취업에 관심이 있는 1020들이라면 다른 어떤 자료보다 워크넷(www.work.go.kr)에 들어가 이 '한국직업사전'의 '고용직업분류별' 항목을 먼저 한 번 쭉 살펴볼 필요가 있다. 우리나라에 도대체 어떤 직업들이 있는가, 이들 직업들은 도대체 무슨 일을 하는가, 어떤 일들을 하려면 어느 정도의 교육을 받아야 하는가, 작업강도는 어느 정도이고 어떤 육체활동이 필요하며 실내에서 하는 일인가 아니면 실외에서 하는 일인가, 또 어떤 자격이나 면허가 필요한가 등에 관한 정보를 얻을 수 있다. 아직 사회 경험이 적은 1020들이 직업 세계의 숲을 가벼운 마음으로 산책하기에는 이보다 더 좋은 자료는 없다. 또 조금 더 깊이 들어가 읽어보면 인간 생활 전반 뿐 아니라 이 세상이 어떻게 돌아가는지도 가늠할 수 있다. 나는 이 '한국직업사전' 이야말로 남녀노소를 불문하고 읽어볼 만한 자료라고 확신한다. 자신이 생존하고 자손을 번식하기 위한 인간의 수만년 창의적인 역사가 쌓인 결과물이 아닌가. 도대체 이 세상 사람이 하는 일도 모르고 무슨 공부를 하고, 무슨 수도를 하며, 무슨 정치를 하고, 무슨 경영을 하고, 무슨 예술을 한단 말인가.

그렇지만 우리나라의 1020들이 직업을 선택하는데 신주단지로 삼기에는 이 '한국직업사전' 은 조금 부족하다. 아니, 부족할 수밖에 없다. 왜냐? 어떤 직업에는 어느 정도의 학력을 가져야 한다는 '한국직업사전' 의 기술은 고등학교 졸업생 80퍼센트 가까이가 대학에 가는 우리나라에서는 실은 무용지물이기 때문이다.

부족한 점은 또 있다. 이 사전만으로는 특정 직업을 가졌을 때 얻을 수 있는 돈, 권력, 명예에 대한 언급이 없을 뿐 아니라 각 직업의 참모습을 보기에도 한계가 있다. 가령 의사는 육체노동자일까, 아니면 정신노동자일까? 의사가 하는 일에 육체노동이 많이 포함되어 있다지만 의사의 노동을 육체노동이라고 하기는 어렵지 않은가. 높은 지식을 가져야 할 수 있는 어려운 일이고, 남의 몸 속을 들여다봐야 하는 좀 지저분한 일이고, 사람의 생명까지도 좌우할 수 있는 위험한 일이라고 해서 의사를 3D 업종이라고 한다면 그것도 우습다. 또 범인을 잡아 수사하는 검사는 화이트칼라white-collar일까, 블루칼라blue-collar일까? 화가는 어떤가? 기업의 CEO는 블루칼라인가, 화이트칼라인가? 오너 아니면 종업원? 정신노동자 아니면 육체노동자? 정규직 아니면 비정규직? 이렇게 각각 직업의 진짜 모습은 난마처럼 얽혀 있어 아무리 천하의 '한국직업사전'이라도 심플하게 정리하기가 쉽지는 않았을 것이다. 정작 우리가 알고 싶은 것은 이런 정보인데 말이다. 하긴 이런 깊은 내막까지야 사전에 다 기술할 수 없기도 하겠다. 이런 한계에도 불구하고 '한국직업사전'은 1020들의 세상 직업의 숲을 산책하기 위한 찾아보기index로 더 이상 좋을 수 없다.

한 쪽 눈은 현미경에,
또 한 쪽 눈은 망원경에

세상의 변화 속도가 나는 화살처럼 빠르다. 정말이지 현기증이 날 지경이었다. 지금 1020의 아버지들은 시골에서 소 먹이고 땔나무 하다, 어느 날 월남 가서 베트콩 때려 잡고, 그 길로 중동 사막에 가서 길 만들고 물길 만들다, 다시 고국에 돌아와 반도체 만들고 자동차 만들고, 그리고 나이 들어 일자리 잃자 바로 순대국집 차리고 뭐 이런 식으로 살아왔다. 그 전 대부분의 우리 부모들은 태어난 곳에서 사방 30리 밖을 벗어나 보지 못하고 농사만 짓다가 일생을 마쳤는데 불과 한 세대 후인 우리는 철의 장막, 죽의 장막도 모자라 지구본 위에서조차 낯설던 세상 방방곡곡에서 원료를 들여와 만든 물건을 세상 온데 내다 팔아 돈 버는 세상을 살아오지 않았는가.

이처럼 변화가 빠른 세상에서 현미경으로 현재만 들여다보고 있어서는 밥 먹고 살기조차 어렵다. 망원경으로 미래도 내다보아야 한다는 말이다. 현미경의 대표주자 나의 외삼촌 한 분은 원래 타자기를 수리하는 기술자였다. 무교동 대로변에 상당히 큰 사무실을 내놓고 직원 여러 명과 함께 하루 종일 타자기를 수리하느라 눈 코 뜰 새가 없었다. 돈도 제법 벌었을 것이다. 그런데 지금은 이 일 저 일 막일로 어려운 생활을 하고 있다. 물론 컴퓨터가 지배할 미래를 예측하지 못하고 타자기 수리에만 매달렸기 때문이다.

그런데 말이 쉽지 이 미래를 예측하는 것이 얼마나 어려우면 날마다 미래만 예측하고 있다는 세상의 저명한 미래학자들조차 영

71

뚱한 예측을 내놓겠는가. 내가 대학 다니던 1970년 대 중반에 유럽 지식인 모임, 아마도 로마클럽이었을 것이다. 여기서 《성장의 한계》라는 책을 낸 적이 있다. 그때 우리나라에서는 삼성문화문고에서 노란 포켓북으로 나왔었다. 유럽의 지성들이 내놓은 미래 예측서이니 당시 독서 좀 한다고 폼 잡는 학생들은 이 문고판을 겨드랑이에 끼고 다니며 거드름 좀 피우고 그랬다. 이 책의 내용은 한 마디로 사람들의 자원 소비 증가속도가 너무 빨라서 당시로부터 아무리 늦어도 40년 후면 지구의 거의 모든 자원이 고갈되고 결국 지구의 종말이 올 수도 있다는 내용으로 기억한다. 무슨 동네 꽃보살의 예측도 아니고 세계적인 석학들이 그것도 합동으로 예측한 것이니 나 같은 피라미들은 이 책의 내용을 액면 그대로 믿는 것은 물론 금과옥조로까지 삼고 지구의 미래를 걱정하느라 정말이지 밤잠을 못 이루었다.

그런데 그 후 어떻게 되었는가. 결론적으로 말하면 그 예측은 완전히 빗나갔다. 빗나간 정도가 아니라 완전히 반대 방향으로 움직였다고 해도 과언이 아니다. 자원이 고갈되기는 커녕 새로운 자원의 발견으로 거의 모든 지하자원의 매장량은 그 동안 전 인류가 파먹고 나서도 더 늘었다. 원자재의 값은 인플레이션을 감안하면 지금도 지속적으로 내려가는 추세고, 머지않아 고갈될 거라던 석유는 미국의 셰일 가스 시추로 세계 가스 가격이 1/5로 떨어지고 오히려 미국이 석유수출국이 될 것이라고 한다. 농업 자원도 마찬가지다. 입만 열면 너도 나도 식량 부족으로 큰 일이 날 거라고들 하지 않았는가. 어떤 사람들은 식량안보 걱정으로 밤잠을 못이루고 말이다. 실제로는 어떠했는가? 1970년대에 비하면 지금 식품생산량 자체가 두 배로 늘었고 식품 가격 역시 인플레이션을 감안하면 지속적으로 떨어지고 있다. 무엇보다 로마클럽에서 《성장의 한계》를 내놓은 지 40년이 지난 지금도 지구는 멀쩡하다. 이만큼 미래를 예측하는 것은 어려운 일이다. 가까운 예로, 10년 전만 해도 우리가 이 조그만 스마트폰으로 실시간으로 세상을 다 들여다 볼 수 있을 것이라고 누가 예측이나 했는가. 그렇다고 미래를 내다보는 것을 포기하고 그냥 현미경으로 현재만 들여다보고 있어서는 나라든 개인이든 우리 외삼촌 모습을 면하기 어렵다. 그러니 안개 속 미래일망정 안테나를 곧추 세우고 앞을 내다 보려는 노력을 게을리 하지 말아야 한다.

세상의 변화에 능동적으로 적응하면서

인간의 진화에 방향이 없다면 인간의 모듬살이인 사회의 진화에도 방향이 있을 수 없다. 물론 직업의 변화에도 방향은 없다. 가령 지금 우리가 하고 있는 모든 일 중 100년 전 한반도에 살았던 사람들도 했던 일이 얼마나 될까? 어떤 회사원이 아침에 일어나 샤워를 하고, 된장국에 밥을 말아 먹고, 전철을 타고 스마트폰의 부품을 만드는 어느 주식회사에 출근해서, 컴퓨터 앞에서 한나절을 보내다가, 점심은 돈가스로 먹는다. 오후에는 해외지사의 영업 실적을 화상으로 보고 받고 본사의 지침을 전달한 다음, 저녁식사도 잊은 채 환히 불을 켜놓고 몇 시간을 더 일하다 퇴근길에 오른다. 동료와 생맥주 한 잔으로 목을 축이고 집으로 돌아오는 생활을 일 년 열 두 달 반복한다. 이 회사원의 하루 일과 중 100년 전과 비슷한 것이라고는 아침식사의 된장국과 흰밥 정도가 아닌가. 불과 100년 전 사람에게 필요했던 대부분의 것들이 지금은 필요가 없어져서 그것을 만들어내는 직업은 없어지고 새롭게 필요하게 된 것은 새로운 직업을 통해서 새로 만들어지고 있다.

이처럼 있던 직업은 수시로 없어지고 없던 직업이 새로 생겨난다. 남아 있는 직업도 새로 생긴 직업도 세상의 변화에 따라 각각의 직업에 대한 수요와 공급이 변화하고 매력도는 수시로 바뀔 것이다. 일의 내용도 담당하는 사람도 변한다. 100년 전에 요리하고 여성의 머리칼을 자르는 남자를 상상할 수나 있었겠는가. 죄인을 징벌하고 국사를 다스리는 여성은 또 어떤가. 같은 직업인 요리사, 이발사, 경찰관, 공무원이라도 이렇게 일의 내용도 담당하는 사람도 달라진 것이다. 100년까지 갈 것도 없다. 기술의 발달 속도가 갈수록 빨라지고 세상은 엄청난 속도로 변하여 아무리 눈이 밝은 사람이라도 불과 20~30년 후를 내다보는 것조차 쉽지 않다. 결국 사회가 어떻게 진화하건 닥치면 닥치는 대로 그 때 그 때 자신이 가진 경쟁력을 최대한 활용하여 능동적으로 대처하는 수밖에 없다.

몇 가지 미래 예측에도 대비하라

미래를 예측하는 것이 이토록 어렵지만 몇 가지 그럴듯한 예측조차 불가능한 것은 아니다. 그 중 젊은이들이 꼭 알고 대비해야 하는 몇 가지만 얘기해 보겠다. 인터넷의 생활화, 슈퍼스타 현상, 인공지능을 이용한 로봇의 대거 활용, 영어의 세계화에 이 네 가지가 그것이다. 인터넷이 우리 생활의 모든 분야를 주도하고 앞으로도 그 영향력의 정도가 빠르게 커지리라는 것은 의문의 여지가 없다. 오늘날 거의 전 인류가 전 세계에 걸친 전 산업분야에서 인터넷으로 구매하고 판매하는 비중은 상상 이상으로 높다. 우리가 상상할 수 있는 모든 물건과 서비스를 인터넷을 통해서 가장 싼 가격에 그리고 가장 신속하게 구입할 수 있다. 그것도 24시간 세상의 온갖 것을 팔고 사는 곳이 인터넷 광장의 시장이다. 이 인터넷 시장 또 광장에서는 물건만 거래되는 것은 아니다. 아이디어는 좋은데 돈이 없어 창업을 못하고 있는 사람은 투자금을 모을 수 있고 투자자는 다양하고도 적절한 투자처를 찾을 수 있는 시대다. 심지어는 다양한 사람들이 이 인터넷 광장 토론회에 참가하여 자신의 아이디어와 요구를 내놓아 리눅스 같은 소프트웨어 개발은 물론 위키피디어 같은 백과사전을 만들어내는 세상이다. 이런 현상은 앞으로도 급속히 확산되어 앞으로의 세계는 인터넷 광장의 세상이라고 보면 틀리지 않을 것이다.

둘째, 슈퍼스타 현상이다. 교통통신의 발달과 인터넷 광장의 대대적인 확장으로 모두들 세계1등의 상품과 서비스를 역사상 가장 저렴한 가격으로 최단 시간 내에 즐길 수 있게 되었다. 세계 제일인 타이거 우즈의 골프 경기를, 세계 최고의 오케스트라 연주를,

그리고 대영박물관의 소장품을 스마트폰을 통해 실시간으로 감상할 수 있지 않은가. 새로 출시된 최고급 렉서스 자동차를 미국에서도 라틴아메리카나 아프리카 어느 나라에서도 생산현지와 동시에 살 수 있지 않은가. 그러니 누가 세계 2등 선수의 스포츠 경기를, 연주를, 박물관 소장품을 감상하려 하겠는가. 세계 1등 자동차를 스마트폰으로 살 수 있는데 뭐하러 2등 상품을 동네 자동차 대리점에서 구입하겠는가. 자연스레 1등은 엄청난 인기를 얻고 돈과 명예를 쓸어 담지만 2등 이하 회사의 일자리는 줄고 그나마 있는 일자리의 임금 상승 속도도 느려질 것이다. 빈부의 격차가 커질 수밖에 없다는 말이다. 기술의 발달에 따른 지식의 민주화, 정보의 평등, 기회의 균등 이런 사회가 소위 정의로운 사회가 아닌가? 그런데 정의로운 사회가 빈부 격차를 더욱 크게 한다? 아이러니다. 그렇지만 냉정한 현실이다. 우리 생활 주위로 범위를 조금 좁혀보자. 육~칠만 가지의 상품을 가지고 그것도 세상의 좋은 제품은 다 가져다놓고 세상에서 제일 싸게 파는 대형 할인점의 경우 1,000~3,000가지 상품을 가진 동네 슈퍼나 편의점이 당할 수가 있겠는가. 500~600가지 빵을 취급하는 대형 프랜차이즈 빵집과 동네 빵집이 언제까지 경쟁할 수 있겠는가.

그러니 재벌집 며느리나 중산층 주부나 모두 같은 저녁거리를 사고 재벌의 손자나 가난한 산동네 어린이나 같은 빵을 먹을 수 있는 이런 민주화, 평등화, 기회 균등이 결국은 대형마트와 동네 슈퍼간의, 그리고 프렌차이즈 빵집과 동네 빵집 간의 빈부격차를 크게 하는 결과도 가져온다는 말이다.

이런 현상은 우리가 의식하지 못하는 동안 우리 사회의 모든 분야에 광범위하게, 그리고 빠른 속도로 퍼지고 있다. 그리고 이 속도는 갈수록 빨라질 것이다.

슈퍼스타 현상과 함께 거스를 수 없는 현상이 IT기술과 인공지능 기술을 이용한 로봇의 대대적인 활용이다. IT기술은 우리들의 눈과 귀와 두뇌가 따라갈 수 없을 만큼 세상살이를 확 뒤집어 놓았다. 인공지능 분야에서는 사람의 머릿속에 칩을 심어 키보드를 만질 필요도 없이 사람이 생각하기만 하면 인터넷에 바로 접속할 수 있는 꿈같은 일을 현실화 하고 있다. 어떤 사람이던 세상의 모든 정보를 바로 머릿속에서 접속할 수 있는 세상이 오고 있는 것이다. 이런 사람을 사람이라고 할 수 있을지 몰라도 세상을 모두 머릿속에 담고 다니는 그야말로 워킹 슈퍼컴퓨터 인간의 탄생이 임박한 것이다. 전지전능한 사람 즉 현대판 신의 탄생이 아닐까?

인공지능을 이용한 로봇의 대대적인 도입은 단순 작업 일자리만 위협받지는 않을 것이다. 몸이 아프면 스마트폰을 통해 로봇

의사한테 진료 받고 로봇 약사한테 약을 사서 먹는다. 수술이 필요하면 로봇 의사의 시술을 받는다. 머지않아 의사도 약사도 필요 없는 세상이 되려나? 세상의 모든 법률과 판례를 다 칩 속에 저장하고 있는 로봇 판사가 판결을 하고 투자은행에서는 로봇을 이사회 멤버로 영입하고 말이다.

이미 진부한 얘기가 되었지만 운전이 필요 없고 사고에서 자유로운 무인자동차를 IT기술로 만들겠다는 것 아닌가. 그렇다면 운전사는? 운전학원은? 보험회사는? 교통경찰은? 그리고 무엇보다 차안에 탄 사람들은 뭐하지? 파일럿들은? 기관사들은? 결국 전체적인 일자리는 줄고 여기에 대응하지 못하는 상당수 사람들은 일자리를 잃을 것이다. 로봇을 만들고 수리하고 조정하는 고부가가치 일을 하는 근로자와 로봇의 도입으로 일자리를 잃고 다른 분야로 전직해야 하는 근로자의 임금 차이는 점점 커질 것이다.

마지막으로 오늘날 세계는 이미 영어의 세계다. 그리고 영어의 세계어화는 더욱 기승을 떨칠 것임은 물론이다. 영어를 자유자재로 활용하지 못하는 개인과 국가는 결국 귀머거리 개인과 벙어리 국가가 되어 도태될 것이다.

과거에는 동네 1등도 갈채를 받고 생존할 수 있었지만 지금은 세계 1등만 살아남기 때문이다. 그리고 영어로 표현해야 세계 1등

이 가능하기 때문이다. 세계에서 제일 똑똑한 우리나라 젊은이들이 유창한 영어를 구사할 수만 있다면 여러 분야에서 세계 1등이 나올 것은 불을 보듯 뻔하다. 취업 걱정 따위야 먼 나라 얘기가 될 것이다. 그런데 이놈의 영어란 것이 하루아침에 되는 것이 아니지 않는가. 그래서 우리 국민 개개인과 우리나라가 살아남으려면 어렸을 때부터 영어를 공용화하지 않으면 불가능하거나 적어도 큰 벽에 부딪힐 것이다. 한글과 함께 영어를 공용어로 써야하는 이유다. 그렇지만 우리나라에는 애국자가 얼마나 많은가. 한글 전용한다며 한자도 못 쓰게 하여 오늘날 젊은이들의 언어생활을 완전히 망쳐놓은 사람들이 영어를 공용화하자는 말에 어떻게 나올까는 불문가지! 여야 정치권이 거품을 무는 것은 물론이고, 광화문과 시청 앞에서 한글 살리기 촛불집회 일어나고, 매스컴은 나 같이 개념없는 매국노를 잡으려고 적어도 한 두 해는 목소리를 높일 것이고. 아무튼 앞으로 50년 내에는 절대 안 될 일이다. 그러니 다 포기하고 스스로 알아서 열심히 영어를 읽혀 닥쳐올 미래에 낙오자가 되지 않도록 하는 수밖에 없다.

힐링? 우선 땀부터 흘려라

모두들 저만 아프단다. 온통 저만 죽겠단다. 명절 되면 잘 사는 아들, 못 사는 딸, 예닐곱 자식들 이 놈한테는 고구마 주고, 저 놈한테는 참기름 주고, 가난한 딸년한테는 깨 팔아 아껴놓은 쌈짓돈 아무도 몰래 찔러주고, 금쪽같은 내 아들 혹 못 살게라도 굴면 어쩌나 며느리 눈치 보느라 시어머니들 뼈 빠지는 줄도 모르고 온 사방에서 며느리 명절 증후군만 큰일이란다. 보리방아를 찧나? 노망난 시부모 수발을 하나? 시동생 젖을 먹이나? 논을 매나 밭을 매나? 자가용 타고 생색내듯 하루 이틀 휑 왔다 가면서 사방온 데가 쑤신단다. 힐링이 필요하단다. 자식들은 아버지가 돈 없어서, 가난한 사람은 부자가 돈 많아서, 중소기업은 대기업이 혼자 배불러서 자기들이 힐링 받아야겠단다. 이때를 놓칠세라 삼천리 방방곡곡 먹물 무당들이 다 나섰다. 힐링해 주겠단다. 위로해 주겠단다. '아프지? 피곤하지? 쉬어라! 퀵퀵 말고 슬로우, 슬로우! 멈춰라! 노는 만큼 성공하는 거야, 놀아! 경쟁은 웬 경쟁? 욕심 버려! 무소유, 할! 자연으로 돌아가! 지구 밖으로 행군해봐!' 정도로는 부족한 모양이다. 300년 전으로나 돌아가 머리 땋고 갓 쓰고 차 마시며 호롱

불 밑에서 사서삼경이나 성경 혹은 불경을 읽고 옷은 도포로 마무리하고 짚신 신고 살면 행복이 온다고 주장하는 거짓 선지자들까지 나타났다.

그렇지만 한번 생각해 보자. 만약 지금부터 한 300년 전에 의식주와 건강과 사랑을, 다시 말해 돈과 권력과 명예를 얻기 위한 경쟁이 지구에서 싹 없어져 버렸다면 지금 우리의 평균 수명은 40세 정도고, 애를 낳아도 열에 여덟은 죽고, 암은 병명도 모르고, 보리밥도 부족하고, 전기도 자동차도 TV도 비행기도 스마트폰도 없이, 책도 부자들이나 읽을 수 있을 만큼 비싸고, 왕족이나 귀족은 호의호식하고 대부분의 보통사람들은 이들 왕족과 귀족과 사제들을 위해 죽어라 일만 하는 참혹한 세상을 살고 있을 것 아닌가.

오늘날 인간에게 문명이란 무엇인가? 많은 사람이 도시에 모여, 경쟁과 전문화와 분업화로 생산을 합리화해서, 더 자유롭게 더 평등하게 더 쉽게 더 많은 욕구를 충족하려는 노력의 결과가 아닌가. 그래서 진정한 삶은 이 따위 힐링 타령의 세계에는 있을 리 없다. 대신 도심 한복판 저잣거리 경쟁이 춤추는 그곳에 있는 것이다. 혹 철없는 1020 젊은이들이 그런 궤변들을 진짜 삶의 모습인 줄 착각하고 땀도 흘려보기 전에 힐링타령이나 하려 든다면 그 것이 바로 아편주사다. 한 번 맞고 나면 결코 헤어나지 못한다.

힐링으로 공부 잘하고 세계 일등 제품 만들어 돈 잘 벌 수 있다면 왜 가난으로 고통받는 사람은 그렇게 많으며, 입으로 좋은 일자리 만들 수 있다면 우리 1020들이 갈 일자리는 왜 이리 가뭄에 콩나듯일까? 100퍼센트 이기심 덩어리인 인간의 몸통 욕구인 의식주와 건강과 사랑이 불안한데 곁가지 욕구의 충족으로 행복을 느낀다? 이상하지 않은가? 의식주와 건강과 사랑이 없는 힐링도 진정한 힐링이 될 수 있을까? 구슬땀을 흘린 후의 휴식이 달콤하듯이 자신의 생존과 자손 번식을 위해 열심히 돈과 권력과 명예를 쫓다 지쳤을 때 적당한 휴식을 즐기는 것이 진짜 몸과 마음의 힐링이다. 더 머뭇거릴 시간 없다. 당장 이를 악물고 시장으로 나가 땀을 흘려라. 땀 흘려 공부하고, 일하고, 경쟁하고 그러다 지칠 만큼 지친 뒤 달콤한 힐링을 즐겨라. 그것이 진짜 힐링이다.

갈림길을 만나면 잠시 묵상도 해보자

갈림길의 다섯 가지 이정표

직업은 '생계를 유지하기 위하여 자신의 적성과 능력에 따라 일정한 기간 동안 계속하여 종사하는 일'이라는 국어사전의 정의를 뒤집어 생각해 보자. 결국 자신이 평생 종사할 직업을 선택할 때는 그 직업이 가져다주는 돈, 명예, 권력 그리고 이 직업을 얻기 위해서 필요한 자신의 적성, 능력을 기준으로 판단해야 한다는 말에 다름 아니다.

그럼 갈림길을 만날 때마다 이들 기준의 안경을 번갈아 써 가면서 잠시 묵상해보자. '생계를 유지하기 위한' 돈과 권력과 명예는 직업을 통해서 우리가 얻고자 하는 바이므로 이 세 가지를 우선 염두에 두자.

그리고 높은 적성과 능력을 필요로 직업은 난이도가 높다고 해보면 어떨까? 가령 수학자가 되려면 어려운 수학을 오랫동안 공부해야 하고, 음악에 소질이 있어야 함은 물론 평생 연습이 필요한 바이올리니스트도 난이도가 높은 직업이라고 할 수 있겠다. 그런데 이들 돈, 권력, 명예, 난이도 말고도 직업을 선택할 때 꼭 고려해야 할 한 가지가 또 있다. 바로 위험이다. 여기서 위험이란 영어로 말하면 '데인저danger'가 아니고 '리스크risk'다. 그러니까 경쟁이 너무 심해서 그 직업을 가지는 것이 쉽지 않을 경우 리스크가 크다고 할 수 있다.

가령 요즈음 많은 젊은이의 로망인 연예인 같은 직종은 너무나 경쟁이 심해 웬만히 잘해서는 어림도 없다. 또 희망자들 사이의 우열을 객관적인 기준으로 판별할 방법도 없기 때문에 뽑는 사람의 주관도 크게 작용한다. 실력 그 자체만이 경쟁력이 아니라 다른 경쟁요인이 작용할 수 있다는 말이다. 결국 연예인이 되려고 '올인'하는 것은 리스크가 너무 크다는 말이다. 또 사회의 변화에 따라 그 직업 자체가 없어질 확률이 높은 직업도 리스크가 크다고 할 수 있다. 가령 요즘 웬만한 은행 일은 스마트폰으로 다 처리해 버린다. 굳이 은행창구에 갈 이유가 없다. 그렇다면 창구에서 일하는 은행원의 운명은 어떻게 될까? 이런 식으로 묵상해 볼 필요가 있다는 말이다.

이렇게 직업의 숲을 산책하다 갈림길을 만나면 그 직업을 통해서 얻을 수 있는 돈, 권력, 명예의 정도가 얼마인지를 우선 조사해 보아야 할 것이다.

그 다음 고려할 요소는 그 직업을 얻는데 얼마나 경쟁이 치열한지 그래서 얼마나 소질이 있어야 하고 또 얼마나 많은 공부와 수련이 필요한지의 난이도이다. 마지막으로 오랫동안 열심히 노력해도 헛수고가 된다거나 사회 변화에 따라 없어질 가능성이 얼마나 높은 지를 나타내는 위험도 이 다섯 가지를 이정표로 삼아보면 좋을 것이다.

공부할까? 탤런트 될까?

우리나라에서 살려면 다른 생각할 필요 없다. 우선 공부를 잘해야 한다. 우리나라는 사농공상의 나라다. 그리고 '사'는 곧 공부 많이 한 사람을 가리킨다. 부모가 큰 부자여서 요즘 돈으로 한 몇백 억 정도 물려받을 수 있는 경우가 아니라면 공부하는 것이 돈과 권력과 명예를 얻기 제일 쉽다. 그럼 어느 정도 공부를 잘해야 하는가. 내가 보기엔 문과건 이과건 전국에서 1,000등 안에만 들면 공부로 밥 벌어 먹고 돈 벌고 명예까지 얻는 데 아무 문제없다.

이 정도로 공부를 잘하는 사람이 자기가 잘하는 분야를 선택하여 고 3때처럼 죽어라 한 10년만 공부하면 돈, 권력, 명예 모두 따라온다. '사' 계급이 되어 잘 먹고 잘 살 수 있다. 노벨상도 노려볼 수 있다.

그렇다면 그 아래는? 그 아래도 역시 공부를 해야 한다.

전국에서 한 10,000등 정도까지는 공부하는 것이 제일 편하고 깨끗하게 돈 벌고 운 좋으면 권력도 명예도 얻을 수 있는 방법이다. 한마디로 공부가 제일 쉽다. 그렇다면 10,000등 이하는? 역시 공부하는 수밖에 없다. 왜냐? 공부야 스무 명 중 1등 정도만 하면, 그러니까 상위 5퍼센트 안에만 들면 밥 먹고는 살지만 상위 0.01퍼센트가 안 되면 밥 먹고 살기도 어림없는 일들이 세상에는 쌔고 쌨기 때문이다. 이걸 모르고 돈과 시간을 낭비하며 생고생을 하는 젊은이들을 보면 몸이 오싹할 정도다. 탤런트, MC, 배우, 가수는 매일 그렇게 예쁜 옷 입고 시시덕대며 놀기만 하는 줄 알고, 드러난 숫자만 20만 명, 드러나지 않은 숫자까지 하면 80만 명의 젊은이들이 연예인을 꿈꾸고 있단다.

수 만 명의 스포츠 꿈나무가 해외로 유학을 떠나고, 수 만 명의 음악 수재들과 미술 수재들이 음악가, 미술가가 되기 위해 연주를 하고 그림을 그린다. 취미나 놀이로 한다면 그것은 뭐라도 좋다.

그러나 이들 연예도, 스포츠도, 예술도 이것으로 밥 먹고 살아야 하는 프로가 되겠다면 차원이 완전히 다르다. 연예로, 스포츠로, 예술로 밥 먹고 사는 사람이 대한민국에 몇이나 되겠는가. 이렇게 땀 흘리는 수십만 아니 수백만 명의 젊은이들 중 과연 몇 사람이나 밥이라도 먹고 살까? 연예인을 꿈꾼다는 80만 명 중 한 80명? 그럼 10,000명 중 한 명? 0.01퍼센트? 음악가, 화가, 스포츠선수의 경우도 다 정도의 차이는 있겠지만 마찬가지다. 모르긴 몰라도 0.01퍼센트 빼고는 월 몇 십만 원대 수입으로 쫄쫄 굶고 있을 것이다. 위험이 커도 너무 크다는 말이다.

이쯤해서 고등학교 때 통계에서 배운 기댓값이라는 개념을 한 번 활용해볼 필요가 있다. 여기서의 기댓값은 그 직업을 가질 수 있는 확률과 그 직업을 통해서 벌 수 있는 돈을 곱한 값이 될 것이다. 가령 열심히 공부해서 성적이 상위 5% 그러니까 20명 중에 1등을 하면 연봉을 한 3,000만 원 받는 공무원이 될 수 있다고 하고, 열심히 연기 연습해서 1만 명 중의 한 사람인 탤런트가 10억 원의 연봉을 받을 수 있다고 하자. 그렇다면 공무원의 기댓값은 3,000×0.05해서 150만 원이 되고 탤런트의 기댓값은 10억 원×0.0001

해서 10만 원이 된다.

공무원의 기댓값 = 3,000만 원(연봉)×0.05(공무원이 될 수 있는 확률) =
150만 원

탤런트의 기댓값 = 10억 원(연봉)×0.0001(탤런트가 될 수 있는 확률) =
10만 원

직업을 선택할 때는 이렇게 그 직업의 기대값을 다른 직업과 비교해보는 것도 필요할 것이다.

젊은이들이 직업을 선택할 때 알아야 할 또 한 가지가 있다. 슈퍼스타 현상이 적나라하게 나타나는 스포츠나 예술 분야의 프로들에게는 1등이 되기 위해 아주 특출한 적성이 필요하다는 것이다. 경솔한 입방정 한번 떨어 보겠다.

가령 골프를 배우러 간 첫날 첫 타에 적어도 200미터를 빨랫줄 날리듯 날리고 동시에 최경주 정도의 억센 팔과 총명한 두뇌를 가졌다면 골프에 몸을 던져 볼 만하다. 셋 중 한 가지만 갖추지 못해도 골프로 밥 벌어 먹고 살기는 힘들다. 아무리 열심히 정직하게 성실하게 노력해도 백 명 중 아흔 아홉은 인도어 레슨프로 정도밖에는 못한다.

바이올린을 만진 첫 날 첫 번째 레슨에서 처음 활을 켤 때 청아한 바이올린의 선율을 내지 못하면 프로 바이올리니스트로는 실격이라고 봐야 한다. 평생을 연습해도 호텔 로비 연주 아르바이트 자리도 얻기 어렵다.

그림은 노력하면? 웃기는 소리다. 피카소가 열서너 살 때 그린 발 데생을 보고 당시 스페인의 유명 화가였던 피카소의 삼촌이 자신은 그림을 그릴 자격이 없다며 붓을 꺾어버렸단다.

그 정도 특출한 적성은 있어야 스포츠, 예술로 밥 먹고 사는 프로가 될 가망이라도 있다. 피카소가, 조용필이, 최경주가, 박지성이, 정경화가, 김연아가 그냥 열심히 연습 만해서 그림으로, 노래로, 골프로, 축구로, 바이올린으로, 피겨스케이팅으로 스타가 된 것이 아니다. 그들은 태어날 때부터 그 분야의 천재였다. 태어날 때부터 가수였고, 골프선수였고, 축구선수였고, 바이올리니스트였고, 피겨스케이터였다. 이것만으로도 부족하다. 이 정도 특출한 적성과 끈기까지도 갖춘 사람이야 세상에는 셀 수도 없을 만큼 많다. 운도 기막히게 좋아야 할 것이다. 자식의 적성을 알아보는 부모 운, 훈련을 시키는 데 들어갈 돈을 감당할 재운, 선생 운, 오디션 운, 그 외에도 운, 운, 운…… 아무튼 수십 가지 운이 다 작용할 것이다.

이 모든 것을 다 가진 0.01퍼센트만 유명해져서 돈을 벌고 명예를 얻는다. 이런 사정도 모르고 수많은 자칭 수재들이 무턱대고 연예계에, 스포츠계에, 예술계에 뛰어든다. 젊은 수재 자신은 자신대로 노력해도 안 된다며 그늘 속에서 눈물을 흘리고 전국 방방곡곡 수십만 명의 부모들이 뒷돈 대느라 뼈가 빠진다. 어쩌다 있을까 말까 하는 0.01퍼센트 타령하다 99.99퍼센트에 들어갈 확률이 99.99퍼센트라는 것을 알아야 한다.

이제 '공부할까? 탤런트 될까?'를 비교해보기 위해 재미있는 그래프를 하나 그려 보자. 동심 오각형의 방사형 그래프다. 그리고 이 오각형들의 중심에서 제일 바깥 오각형까지 차례로 0, 1, 2, 3, 4, 5의 수치를 써 넣어 보자. 여기다 아까 말한 갈림길에서의 다섯 가지 이정표 즉 돈, 권력, 명예, 난이도, 위험도를 나타내는 선을 오각형의 중심에서부터 방사형으로 그려 나오면 된다.

그 위에 각각의 직업이 가지는 이 다섯 가지 특성의 정도를 표시해 보는 것이다. 가령 돈을 잘 버는 직업이면 바깥 쪽 오각형의 모서리에 점을 찍고 못 버는 직업이면 안 쪽 오각형의 모서리에 점을 찍는다.

권력을 얻을 수 있는 직업이면 그 정도에 따라 바깥쪽에 점을 찍거나 아니면 안쪽에 점을 찍는 거다. 그런데 난이도나 위험도는 높을수록 나쁜 것이니까 점수가 낮은 곳에 즉 안쪽 오각형의 모서리에다 점을 찍으면 된다. 그리고 이 다섯 개의 점들을 서로 이어보면 그 안쪽의 넓이가 바로 그 직업의 매력도라고 할 수 있다. 이 방법은 젊은이들이 직업이나 전공을 선택할 때 생각의 실마리를 잡고 명상해보는 데는 아주 좋은 방법이 될 수 있을 것이다. 가령 공부는 열심히만 하면 평균 정도의 돈과 권력과 명예는 얻을 수 있으니 이들 셋 모두 3에 점을 찍어보고 예능이나 스포츠에 비하면 난이도도 위험도도 그다지 높지 않으니 4에 점을 찍어본다. 난이도와 위험도는 높을수록 점수가 낮고 낮을수록 점수가 높음을 또 한 번 상기하자. 탤런트는 잘 하면 큰 돈을 벌 수 있으니 돈에 5를 찍고 권력은 최고라고 보기는 어려우므로 한 4점 주고, 명예는 하늘을 찌르지만 사생활이 훤히 노출되어 한순간에 나락으로 떨어질 수 있다는 것을 감안해서 보통보다는 높은 4에 찍어보면 어떨까? 한편 연예인이나 스포츠 선수등 탤런트가 되려면 대단한 소질과 노력이 필요하고 엄청난 수련을 장시간 받아야 하는 등 어렵기로 말하면 최고로 어렵다. 그러니 난이도가 아주 높으므로 제일 낮은 점수인 1을 주면 되겠다. 탤런트가 되려는 사람 중 목표를 달성하는 사람은 0.01퍼센트도 안 될 만큼 위험도도 엄청 높다. 당연히 1에 점을 찍어야 할 것이다.

이렇게 해서 두 가지 모두 다섯 개의 점을 연결해서 생긴 오각형의 안쪽 면적을 그 직업의 매력도로 보면 된다. 어떤가? 두 가지 직업의 특성이 선명하게 나타나지 않는가?

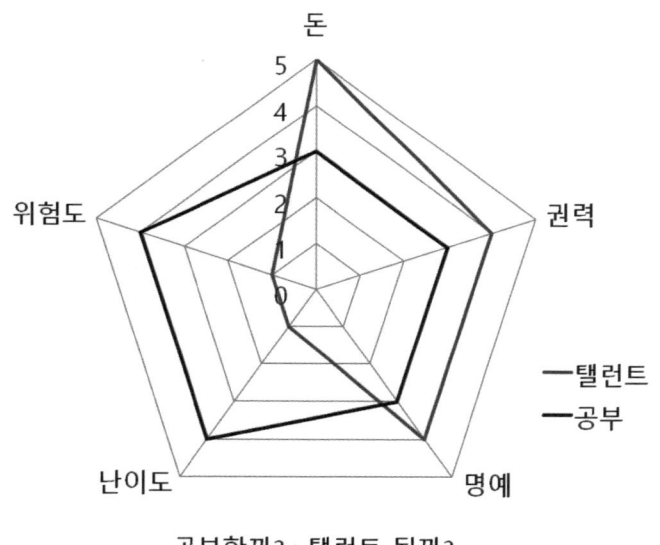

-공부할까? : 탤런트 될까?-

이 그래프의 면적을 대충 보면 공부 그래프의 안쪽 면적이 탤런트의 면적보다 더 크다. 앞에서 구한 공무원과 탤런트의 기댓값에서 공무원의 기댓값이 컸던 것과 비슷한 결과임을 알 수 있다. 기댓값이 크다고 해서 탤런트보다 공무원이 좋은 직업이라는 뜻이 아니듯 공부하는 것이 탤런트 되는 것보다 더 좋다고 말하는 것은 물론 아니다. 단지 직업을 선택하는 갈림길에서 이런 식으로 구체적으로 묵상도 해보며 직업 세계의 숲을 산책한다면 자신의 직업을 선택하는 데 큰 도움이 될 것이다.

화이트칼라, 대졸? 블루칼라, 고졸?

우리나라에서는 화이트칼라와 블루칼라의 개념을 대졸과 고졸로 바꾸는 것이 훨씬 현실에 맞을 거다. 대졸자는 블루진을 입고 일하더라도 화이트칼라이고 고졸자는 흰 와이셔츠에 넥타이를 매고 일하더라도 블루칼라로 보면 된다.

고졸 사장 신화? 고졸자가 사장된 것이 신화라면 고졸은 사장이 못 된다는 말이잖은가? 정부가 대기업에 고졸자 채용을 장려하거나 강요하고 해당 대기업은 고졸자 몇 명을 채용했다며 동네방네 생색낸다면 대기업은 고졸을 뽑지 않는단 말 아닌가? 이것이 우리나라의 현실이다.

내가 미국에서 석사 학위 할 때다. 학교 숙제로 미국 사람과 아시아 사람이 대학에 진학하는 이유에 어떤 의미있는 차이가 있는

지 알아보기 위해 미국인 학생과 아시아 학생 각 40명에게 메일을 보내 조사한 적이 있다. 설문을 일일이 메일 박스에 넣고 다시 수거하는 방식으로 조사를 했는데 분석 결과는 의외였다. 돈 계산만할 것 같던 미국인이나 명예를 중요시 할 것 같던 아시아인이나 대학에 가는 첫 번 째 이유가 레퓨테이션reputation 즉 '명예' 였다. 대학에 가는 제일 큰 이유만은 아시아 사람이나 미국사람을 막론하고 명예롭기 위해서란 말이다.

역으로 말하면 아시아건 미국이건 고졸이면 체면이 깎인다는 말이다. 세계 모든 나라가 거의 마찬가지일 것이다. 그런데 학교 선택의 기준은 미국인과 아시아인 사이에 큰 차이가 있었다. 미국인들의 대학 선택의 기준은 비용 대비 수익 즉 경제성이었는데 아시아 학생들의 대학 선택의 기준은 학교의 명성이었다. 아시아 학생들은 등록금도, 수업의 질도, 졸업 후의 진로도 그 다음이고 대학 랭킹이 높은 대학에 가고 싶어하는 경향이 농후했다. 한편 미국 학생들은 학비가 비싼 동부의 유명 사립대학을 나올 경우 더 많은 돈을 벌 수 있다면 비싼 학비를 감수하겠지만 돈 벌이에 큰 차이가 없다면 그냥 집에서 가깝고 학비가 싼 커뮤니티 칼리지나 주립대학에 가겠다는 것이었다. 이런 생각을 가진 미국 학생들은 고졸이 대졸 봉급의 반밖에 못 받더라도 당연하게 생각한다.

또 같은 대졸이라도 학교 수준과 전공에 따라 봉급 차이가 많다. 그래서 소위 일류대학 졸업자보다 랭킹이 떨어지는 대학을 나오면 같은 대졸이라도 봉급이 적은 것을 당연하게 생각한다. 금전적 시간적 투자를 덜 했으니 수익이 적은 것은 당연한 것 아니냐는 것이다. 경쟁이 덜한 전공을 하면 경쟁이 심한 전공자보다 덜 대우받는 것도 당연하게 생각한다. 경쟁이 심해서 들어가기 어려운 과는 나오면 당연히 더 좋은 대우를 받아야 한다는 생각일 것이다. 그래서 평균적으로야 대졸이 고졸보다 훨씬 좋은 대우를 받지만 분야에 따라서는 학력과 상관없이 좋은 대우를 받는 경우도 많다. 특히 배관공, 전공, 목공 등의 현장 기술 값이 높아 이들 스페셜리스트들은 교외의 저택에서 남부럽지 않게 산다. 군이 대우도 시원찮은 화이트 칼라가 되려고 대학가고 박사학위 받을 필요가 없는 것이다.

우리나라라면 어떨까? 만약 서울 대학 졸업자에게 다른 대학 출신 봉급의 2~3배를 준다면 아마 폭동이라도 날 것이다. 그래서 우리나라 기업에서의 대우 정도는 대졸이냐 고졸이냐 만으로 판단한다. 그래서 고졸의 80퍼센트 가까이가 대학에 갈 수 밖에 없는 것이다. 사정이 있는 몇 명 빼고 고졸 모두가 대학가는 것이나 마찬가지다.

그런데 어떤 사회가 80퍼센트나 되는 대졸에게 일자리를 줄 수 있겠는가. 그래서 화이트칼라 대졸 대부분이 다른 나라에서는 블루칼라가 하는 일을 해야 한다. 사정이 이러할진대 고졸에게 무슨 일자리가 돌아오겠는가. 대졸도 열에 아홉은 제대로 된 취직을 못하는데 고졸로 좋은 직장에 들어갈 수나 있겠으며, 설령 들어갔다고 하더라도 제때 승진이나 가능하겠으며 하물며 사장을 꿈꾼다고? 그러니까 고졸이 사장되면 신화라고 야단법석을 떠는 거다.

그리고 지금 신화를 이루었다는 50대 고졸들이 직장에 들어간 때는 고졸이 80퍼센트 이상인 주류였던 시대라는 것을 알아야 한다. 고등학교라고 해서 아무나 갈 수 있는 것이 아니었다.

우리 고향 마을 100호 동네 열 명이 넘는 중학교 졸업 동기 중 두서너 명밖에는 고등학교에도 갈 수 없었다. 어느 정도 살 만 하거나 공부를 꽤 잘해야 고등학교에나마 진학할 수 있었단 말이다. 지금 대학원 가는 비율보다 훨씬 낮았다는 소리다. 그런데도 고졸 출신 사장 몇 사람 나왔다고 신화라는데 앞으로는 20퍼센트밖에 안 되는 비주류 고졸이 언감생심 사장 아니라 부장이라도 넘볼 수 있겠는가 말이다. 다 가는 대학 왜 가는지 모르겠다느니, 열심히만 한다면 학벌이 무슨 소용이냐느니, 이젠 실력사회라는 둥 한가한 말은 일고의 가치도 없다.

'화이트칼라, 대졸? 블루칼라, 고졸?' 이 따위 한심한 질문에는 대답할 가치조차 없단 말이다. 사농공상 화이트칼라의 나라 이 대한민국 땅에서 살려거든 대학에 가라. 돈이 없다? 막노동을 해서 돈 벌어서라도 가라. 실력이 안 된다? 삼수를 해서라도 가라. 이미 시기를 놓쳤다고? 방송대학에라도 가라. 실제로 아주 일류대학이 아니면 방송대학이 더 나을 수도 있다. 비용 부담이 적을 뿐더러 실제로 방송대학 졸업생들 실력 대단하다. 들어가긴 그리 어렵지 않아도 졸업하긴 웬만한 일류대학 뺨친다. 일류대를 나와 행정고시에 합격하고 서울대 행정대학원까지 나와서 지금 정부의 중요한 부처에서 과장 하고 있는 내 후배가 방송대학 법학과에 들어갔다가 결국 자퇴했다. 당장 사무실 일이 많아서이기도 했겠지만 졸업하기도 만만치 않았단다. 이런 사실을 세상의 회사들이 모를 리가 있는가. 실제로 회사에서 신입사원 뽑을 때 방송대학 출신을 전혀 차별하지 않는다. 웬만한 대학보다 오히려 더 쳐준다. 혹 방송대학 학사 학위가 좀 불만스럽다면 일류대학 대학원에 들어가 석사를 받으면 살짝 학위 세탁도 할 수 있다. 취업의 세계에서만이 아니다. 결혼의 세계에서도 대졸과 고졸은 하늘의 땅의 차이가 난다. 언제부턴가 고졸은 남녀를 불문하고 결혼하기도 어려운 나라가 되어버렸다. 대학에 들어가 엉터리 졸업장일망정 어깨에 걸

처야 취직을 해도 제대로 된 대우를 받을 수 있고 결혼을 해도 선택의 폭이 넓다. 대학을 나와야 기회가 있다는 말이다. 무엇보다 고졸이라는 열등감없이 평생 가슴을 펴고 살 수 있다. 대학을 나와야 기회가 있다. 이 '대졸 : 고졸' 문제는 비교조차 불필요한데 그래프 따위 그려서 뭐하겠나.

학교를 볼까? 전공을 볼까?

다들 알고 있으면서도 쉬쉬한다. 그러니 하는 수없이 내가 말해 버리겠다. '스카이(서울대, 고려대, 연세대)', '서성한(서강대, 성균관대, 한양대)', 아무리 못해도 '중경시(중앙대, 경희대, 서울시립대)' 아닌 기타대는 다 똑같다. 기타대라는 표현은 물론 결례이지만 1020들의 분발을 촉구하기 위해서 시중에서 말하는 그대로 쓴다.

일반인은 물론 기업의 인사 담당자들도 이 기타대들 사이에서 어떤 대학의 수능 점수가 얼마나 높은지 그래서 어떤 대학이 더 좋은 대학인지 아무도 모른다. 아니 알아야 할 이유가 없다. '스카이 서성한 중경시' 만 가지고도 응시생이 넘치는데 기타대에 관심을 가질 이유가 없지 않겠는가. 기타는 다 같은 기타일 뿐이다. 서울대, 연세대, 고려대면 제일 좋고 서강대, 성균관대, 한양대면 그런대로 괜찮고 아무리 못해도 중앙대, 경희대, 서울시립대 정도는 가야지 '아, 저 친구가 대학 나왔구나' 한다는 말이다. 적어도 대졸이 가고 싶어하는 일류 대기업의 취업 세계에서는 그렇다. 수능 성적이 아무리 많이 차이 나도 지방 특정 국립대가 좋은지 수도권의 기타대가 좋은지 아무도 모른다. 다들 도토리 키 재기 취급 받는다. 오호! 통재라? 그러나 그것이 지금 우리나라의 현실이다. 대학을 가려면 재수는 물론 삼수를 해서라도 이 아홉 개 학교에 가고 봐야 한다는 말이다.

그러니 대기업에 취직을 하려거든 학과보다는 학교의 지명도를 먼저 보는 것이 맞다. 회사에 들어가고 거기서 성공하고 싶다면 가령 스카이 국문과가 지방 국립대 경영학과보다 낫다는 말이다. 회사에 들어가서도 마찬가지다. 적어도 스카이 서성한 중경시 출신 아니면 자기 학교 출신 선배 한 명도 찾기 어려울 것이다. 혹 있다 해도 그 선배조차 열패감에 사로잡혀 저 살려고 갖은 머리를 다 짜고 있을 텐데 후배 끌어줄 여유가 어디 있겠는가.

그렇지만 같은 레벨의 학교에서는 전공이 중요하다. 같은 단계인 서강대와 한양대의 경우 서강대 불문과를 갈래, 한양대 경영학과를 갈래 하면 한양대 경영학과를 선택해야 한다는 말이다. 기업에서 불문과보다는 경영학과 출신을 선호하기 때문이다. 또 당장의 취업은 공대 출신이 쉬울지 몰라도 사장 되고 임원 되고 아무튼 출세하기 위해서는 공대보다는 상대가 좋고 상대보다는 법대가 좋다. 공무원이 되려고 한다면 기술직은 아무리 똑똑해도 출세는 어렵다. 행정직에 비해 한 열 배는 어렵다고 보면 된다. 내가 기술고시 출신이고 공무원 생활을 25년 8개월이나 해 보아서 너무 잘 안다. 함량 미달의 별 '쪼다' 같은 행정직도 기술직이라면 우선 깔보고 본다. 대통령이 아무리 기술직 우대를 말해도 사농공상의 나라 대한민국에서는 어림도 없는 일이다. 앞으로도 몇 십 년은 이런 상황이 변하지 않을 거다. 같은 대졸인데 무슨 사농공상이냐고? 그렇지 않다. 법대는 지들만 '사' 라며 상대조차 깔보고 상대는 애꿎은 공대 출신을 무식하다고 그래서 지들까지만 '사' 고 공돌이 니 놈들은 '농공상' 중 '공' 이라고 생각한다. 정말이다. 이것이 우리나라다. 서울공工대가 빌 공 자 서울공空대가 되어버린 이유다. 카이스트 재학생의 80퍼센트가 법전, 의전, 회계사 시험공부를 하고 있다는 말에 내가 고개를 끄덕이며 응당 그래야 한다고 주장하는 이유다.

결론적으로 말하면 우리나라 대학을 네 가지 단계, 다시 말해 스카이, 서성한, 중경시, 기타대로 나누고 이 네 가지 단계에서는 삼수를 해서라도 무조건 상위 단계의 대학을 택하되 같은 단계 내에서는 전공이 중요하다. 회사라는 데에 들어가서 그럭 저럭 봉급이나 받으며 버티겠다면 몰라도 임원정도라도 해 먹어보겠다면 말이다. 그럼 기타대는 어쩌란 말이냐고? 너무 심한 말이라고? 그렇지 않다. 그것이 냉정한 현실이다. 그렇지만 이것은 대기업 중에서도 들어가면 가문의 영광이라는 일류대기업의 경우이고 그 다음 단계의 대기업은 사정이 좀 다르다.

이런 이류나 삼류 대기업에 들어가던지 아니면 학력 제한도 나이 제한도 없거나 느슨한 공무원이나 공기업 시험에 응시하면 된다. 스펙도 성적도 필요 없이 오직 머릿속에 든 실력 하나로 진검승부가 가능한 세계이니 말이다.

성적을 올릴까? 스펙을 갖출까?

스펙specification을 갖춰야 한단다. 물론이다. 그러나 스펙이 제일 중요하다고? 학교 공부는 뭐 그렇게 중요하지 않다고? 천만의 말씀이다. 학교 교과서야말로 지금 이 순간 지구상의 인간이 알고 있는 지식과 지혜의 결정체다. 이것을 모르는 사람은 없다. 그래서 학교와 성적을 보고 그 사람의 지식과 지혜의 정도를 파악하는 것이다. 스펙 중에서도 학교 성적이 제일 중요한 메인 스펙이다.

무조건 성적이 좋아야 한다. 예나 지금이나 개인이건 기업이건 성공의 열쇠는 '신언서판身言書判'이다.

회사 면접할 때 새 옷 사 입고, 파마도 하고, 얼굴에 있는 점도 빼고 심지어는 성형수술도 한다. 그리고 학원에서 배운 모범답안을 줄줄 외운다.

기업을 만든 오너와 백전노장 회사 임원들이 겨우 그런 걸 보고 사람을 판단하겠는가? 그 까짓 '신'이야 면접장에 들어오는 표정과 걸음걸이만 보면 다 안다. 그리고 면접 끝날 때까지 그 판단이 바뀌는 경우는 거의 없다. 성실하게 공부한 사람과 그렇지 못한 사람은 표정도 걸음걸이도 다르다. 정말이다. 다른 스펙은 별로 중요하지 않다. 스펙, 스펙 노래를 부르지만 사람 얼굴로 말하면 학교와 전공과 성적이 맨 얼굴이고 그 외 다른 스펙은 그냥 화장발 정도다. 화장발로 생얼을 감출 수 있는가? 더구나 족집게 점쟁이보다 백배는 노련한 회사의 오너나 임원들의 눈을 속일 수 있다고 생각하는가. 천만에다.

'언'도 마찬가지다. 실력과 논리를 갖추고 아귀에 딱딱 들어맞게 상대방을 설득하는 것이 '언'이지 번드르르하게 말만 잘하는 사람을 말하는 것이 아니지 않는가. 글을 쓰는 '서'도 글씨체를 말하는 것이 아니다. 제대로 공부하지 않고, 세상돌아가는 데 대한 일가견도 없이 자신의 생각을 A4용지 한 장이라도 채울 수 있는가? 더구나 '판'은? 자신의 전공에 대한 천착 없이 제대로 된 판단력이 나올 수나 있겠는가. 당신이라면 이 모든 것을 무엇으로 판단하겠는가? 그리고 당신이 회사의 오너라면, 당신이 회사의 인사담당 상무라면 누구를 뽑겠는가. 성적 좋은 스카이 출신을 뽑겠는가 아니면 기타대 출신을 뽑겠는가? 관련 기업이나 관공서에 동창생도 선배도 후배도 없는 대학 출신을 쓰겠는가 아니면 선후배에게 전화 한 통화로 다 해결하는 스카이 출신을 쓰겠는가? 그리고 미국이나 일본의 회사 오너는 어떻겠는가? 조직에서 성공하려면 대학과 전공과 성적이 중요한 이유다.

'문사철' 할까? 상대, 법대, 공대 갈까?

인문학 전공 대학생들 상당수가 부전공으로 주로 경제학이나 경영학을 선택한단다. 취업을 위해서라지만 실은 그보다 더한 의미가 있다. 왜냐하면 경제학이나 경영학은 '약방의 감초' 처럼 어떤 분야에서 일을 하든 기초적으로 알아야 하는 '일의 감초' 이기 때문이다. 이들 감초 학문에 기반을 두고 있지 않은 인문학은 한마디로 허깨비라고 해도 과언이 아니다. '사람과 사람의 삶에 대하여 통찰하는 학문이 인문학이다. 여기서 사람의 삶은 무엇인가.

사람과 사람 사이의 거래가 삶의 모든 것이 아닌가. 그럴진데 사람 사이의 거래가 일어나는 시장을 모르고 무슨 통찰이 나온다는 말인가. 사람이 사는데 필요한 상품과 서비스를 효율적으로 생산하고 사고파는 방법을 모르고 도대체 무슨 통찰을 한단 말인가.

과문의 소치로 다른 나라 인문학 사정은 잘 모르지만 적어도 우리나라 대부분의 소위 인문학자들의 주장은 천편일률이다. 모두 사농공상의 기존 질서를 흐트리지 말고 덕으로 인성을 도야하자는 말씀뿐이다. 세상 사람 모두 군자가 되어 어리석은 아랫것들을 다스리자는 소리다. 뭘 몰라도 한참 모르는 진짜 막무가내 무식이다. 이 사실을 머리가 좀 돌아가는 사람들은 다 알고 있다. 그렇지만 그저 웃을 뿐 말을 하지 않는다.

그래서 공인된 무식쟁이 공돌이 출신 경영경제학도인 내가 솔직히 얘기한다. 그 중요하다는 인성, 덕성이 도대체 뭔데? 돈독이 올라 다른 사람에게 필요한 가치를 죽을 둥 살 둥 만들어내는 사람들, 그렇게 세상에 좋은 일 하는 사람이 진정 덕 있는 인격자는 아닐까. 그 외 다른 무슨 인성과 덕성이 있나? 있다 한들 그것이 우리 인간생활에 왜 필요한데? 지금은 왕조시대가 아니다. 양반이 아무 일도 안하면서 상놈 위에서 군림이나 하며 훈계를 일 삼던 그런 시대는 애덤 스미스가 한말의 실학자 그리고 이승만과 박정희가 오래 전에 깨 버렸다.

지금은 계급사회가 아니다. 자유시장경제의 시대다. 법치와 민주적 기본 질서의 시대란 말이다. 또 사유재산권이 모든 것의 기본이다. 어떤 사람이 세상을 널리 이롭게 하는 홍익인간인지를 자각하고 계급사회 시절 만들어진 인성과 덕성에 대한 현대적 재해석이 필요한 때다. 아니 때가 지나도 한참 지났다. 그런데 우리나라의 현실은 어떤가. 이익利은 더러우니 멀리하고 '의義' 를 길러야 한다는 주장이 마치 인仁이고 덕德인 것처럼 세상을 횡횡한다. 돈 있는 부자들은 원죄를 타고 난 인간들이니 홍길동이나 임격정처럼 법이고 뭐고 무시하고 우선 빼앗아서 가난해서 착한 사람들에게 나누어주자? 그래서 정의롭고 착하고 따뜻하고 평등한 사회를 만들자 이런 말이렸다. 물론 내 것은 빼고 말이다. 나는 이런 우리 사회의 못된 풍조의 상당 부분이 우리나라 인문학과 일부 얼치기 인문학자들에게 책임이 있다고 생각한다.

마치 자유시장 시스템을 반대하는 것이 인문학이고 제대로 된 인문학자인 것 같은 착각이 우리 소위 '문사철'로 대표되는 인문학계에 널리 퍼져 있지 않나 의심될 지경이다. 다시 조선왕조 시대로, 중세 종교의 암흑시대로 돌아가잔 말인가? 그래서 부자유와 불평등과 부정의의 시대로 다시 돌아가자는 말인가? 한마디로 헛소리다. 돈 많고 권력 있는 '사' 자들에게는 몰라도 우리 같은 '농공상' 보통 사람들에게는 다 헛소리다. 오로지 시장에서만 자유와 평등과 정의가 나온다는 것을 모르는 무식한 소리다.

그럼 누가 이런 헛소리를 하는가?

무슨 중국옷 비슷한 차림으로 나와서 목청껏 소리 지르는 우리 나라 대표 동양철학자 도올 김용옥 그 양반을 한번 보자. 나는 이분의 용기와 다양한 학문적 기반을 정말로 존경하고 이분이 쓴 책이란 책은 다 읽었던 사람이다. 그렇지만 TV에 출연해서 고전을 가르치는 것만으로는 성이 차지 않으셨는지, 세상의 정치, 경제, 사회, 문화 모두를 평가하고 꾸짖기에 바쁘신 것 한 가지만은 정말 마음에 들지 않는다. 그 중 백미는 천안함 사고의 정부 발표를 0.001퍼센트도 못 믿으시겠단다. 4대강 사업도 엉터리란다. 물론 그럴 수도 있을 것이다. 관련 분야의 전문가들이 오랜 시간에 걸쳐 정말로 전문적으로 조사해보아야 할 것이다. 이것은 정치와 외교와 군사와 과학기술의 문제가 아닌가. 그런데 이 양반의 전공은 동양철학 그리고 한의학이 아닌가? 이분이 언제부터 정치학, 외교학, 군사학, 조선공학, 어뢰기술, 토목공학, 수리공학을 공부하셨나? 그런데도 거침이 없으시다. '내가 중국의 고전을 술술 읽고 해석하는 대(大) 인문학자, '사' 자의 원조님이신데 네깟 무식한 놈들이 밝혀놓았다는 진실쯤이야 일고의 가치라도 있겠는가?' 이렇게 말씀하시기라도 하는 것일까? 그래도 도올은 '노자를 웃긴 남자'라도 되어 여러 사람에게 웃음거리나마 선사하고 있지만 한 때 장안의 종이값을 올렸던 강신주는 도대체 무슨 철학을 얼마나 공부했는지 세상 8대 불가사의의 여덟번째는 될 것이다. 30년 진지하게 '문사철'을 독서해 온 내가 '문사철'에 무식해서인가? 아무튼 공인된 무식자 내가 깊은 철학을 어찌 이해할 것인가마는 단 한 가지! 아니 자유시장경제에서는 남에게 가치를 다시 말해 기쁨과 행복을 주는 그것도 널리 주는 홍익인간 혹은 홍익기업들이 돈을 버는 사회라는 생기초 지식도 없는 사람이 베스트 셀러를 몇 권이나 내 놓는 철학자라? 심한 말이라고? 그렇다면 이 사람의 어록을 몇 가지만 소개한다.

- 직장 생활을 하더라도 주인의 입장에서 생각하지 말고 '난 노예다'라고 생각하라.

- 일을 하는 척 만하고 에너지를 아껴 퇴근 후 가족과 또는 사랑하는 사람과 함께 보내는 데 써라. 피곤하니까 그 다음 날 출근해서 (역시 일을 하는 척만 하고) 잘 쉬어라.

- '근면, 자주, 협동'은 박정희가 만든 노예의 덕목이다.

- 이렇게 일을 게을리 하면 회사는 사람을 더 뽑아야 할 것이고 고용이 창출될 것이다.

이런 얼빠진 소리를 정말로 자신을 '사람을 사랑하고 시대와 호흡하는' 철학자라고 소개하는 인간이 했다고? 믿지 못하겠다면 '강신주의 다상담 2'의 전반부만 읽어봐라. 그래도 내가 심하다고? 이런 책을 돈 주고 사서 읽는 우리 아들 딸들은 부모 탓, 세상 탓으로 세월을 허송하다 결국 쫄쫄 굶을 것이고…. 이 두 사람 말고도 쌔고 쌨다. 강원도 홍천군인가에서 지어준 저택에서 한때 요트타시면서 트윗에 재미붙인 이외수 '선생'에게는 '제발 공부 좀 하시라'며 퍼 부어주고 싶지만 솔직히 이런 꽁지머리류 당골네 무당들에게까지 신경쓰느라 에너지를 낭비할 가치가 있을까?

도올, 강신주, 이외수류 무당들의 귀신 씨나락 까먹는 소리가 횡행하는 세상에서 나같은 자칭 '경험인'이 우리 아들 딸 1020을 구하러 나서 책을 쓰지 않으면 도대체 무슨 일을 한다는 말인가!

그래서 누구든 나에게 '문사철 할까? 상대, 법대, 공대 갈까?'라고 묻는다면 나는 이렇게 대답하고 싶다.

마치 서예를 하는 사람이 먼저 남이 써놓은 잘 쓴 글씨를 본 따 연습에 연습을 반복하다가 어느 정도 경지에 오르면 자신만의 서체로 파격을 추구하듯, 경제경영과 공학과 법률로 실용과 조화를 먼저 공부한 후 '문사철'의 통찰과 파격으로 나가야 진짜 통찰다운 통찰 파격다운 파격이 될 수 있음을 알았으면 좋겠다. 추사 김정희의 추사체도 이렇게 나왔기에 세상의 찬탄을 받는 것이다. 요컨대 공학, 경제, 법학 등 실용학문의 기초 위에 선 '문사철'이 아니면 헛소리가 될 확률이 매우 높다. 동시에 사람과 사람의 삶에 대하여 통찰하지 않는 사회과학이며 공학은 또 무슨 의미가 있는가. 고로 이들 '문사철'의 안경을 통해 사람과 사람의 삶에 관하여 통찰하면서 공학, 경제, 법학 등 실용학문을 통해 현실에 접근한다면 금상첨화겠다 이런 말이다.

전문직으로 살까? 권위자로 살까?

지금부터 30여 년 전 내가 20대 때나 지금이나 역시 전문직이 인기 있기는 마찬가지다. 변화가 있다면 동네 한약방 영감 정도로 인식되던 한의사가 응급환자도 많지 않고 돈도 많이 버는 전문직이 되고 '치과의사도 의사냐?' 던 인식이 이젠 '보험 적용을 덜 받는 치과의사가 제일 돈 잘 번다' 로 바뀌어 치과의사의 인기가 하늘을 찌르게 된 정도다.

아무튼 당시만 해도 전문직은 정말 전문적인 직업이었다. 가령 사법고시라 해봐야 일년에 겨우 한 50~100명 정도 뽑았고, 의치대라고 해도 서울의 몇 개 대학과 각 도마다 있는 국립대학 몇 군데에 있을 정도였다. 회계사도 한 20명 정도? 박사도 정말이지 가품에 콩나듯했다. 그러니 사법고시나 행정고시에 합격하면 출신 군郡의 영광이었고 과학원 석사 출신이면 지방 국립대학의 교수 정도는 쉽게 갈 수 있었다. 박사면 우리나라 굴지의 대기업 임원급 부장으로 스카웃되었고 회계사인 내 친구는 진짜로 당시 술로 1등이던 회사의 이사로 들어갔다. 이렇게 이들 전문직의 권위가 지금과는 비교할 수 없이 높았다.

지금은 사법고시 합격생과 로스쿨 졸업생을 합하면 일 년에 이천 명이 넘는 변호사가 나오고 의대, 치대, 한의대생 티오만 한 해 몇 천 명이다. 여기다 회계사, 변리사, 세무사 등 등 다 합하면 얼마나 많은가. 오죽하면 부산 어딘가에서는 변호사를 7급 공무원으로 뽑으려 했겠는가. 예전의 전문직이 아닌 거다. 그렇지만 사회 모든 분야가 점점 복잡해져서 이들 전문직에 대한 수요는 앞으로도 꾸준히 늘어날 것이다. 그러니 전문직은 예전만은 못하더라도 여전히 돈 잘 벌고 인기 있는 직업일 것은 분명하다.

　내 고등학교 동기생 중에서 회사 다니거나 공무원 하던 친구들은 거의 직장을 나왔고 현역으로 남아 있는 친구들은 전부 교수나 변호사 아니면 의사뿐이다. 돈도 권력도 그리고 명예도 얻고 또 오래 유지할 수 있다면 이런 직업이야말로 '생계를 유지'하기 위한, 다시 말해 자신의 생존과 자손의 번식을 위한 최선의 방법이고 수단이 아닌가. 사정이 이러할진대 어느 정도 머리가 되는 젊은이들이 돈 잘 벌고 거의 죽을 때까지 오래 할 수도 있을 이런 직업에 도전하지 않으면 무엇을 하며 젊은 시절을 보내겠다는 말인가? 다 알지만 되기가 어렵다고? 당연히 어렵다. 노력만 하고 헛수고할 위험도 크다. 공부를 많이 해야 하니 난이도도 높다. 그렇지만 세상에 가치 있는 것치고 위험하지 않고 어렵지 않은 것이 뭐가 있는가?

　그리고 합해서 일 년에 만 명 넘게 나오는 이런 시험이 어려우면 또 얼마나 어렵겠는가? 찬물로 세수부터 하고 하루에 열여섯 시간을 집중해서 공부하기를 한 3년 만 해봐라. 아주 멍청한 인간만 아니면 누구나 합격할 수 있다.

30년 전 분야별로 1년에 몇 십 명을 뽑을 때는 아무리 공부를 해도 운도 실수도 작용할 소지가 컸지만 어느 전문직이건 해마다 수천 명이 합격해서 빠져나가는데 불가능할 것까지는 없지 않은가.

예전에는 칠전팔기니 어쩌니 하면서 소위 고시 낭인이 동네마다 한 두 명은 있었지만 그때에 비해 몇 십 배의 숫자를 뽑는 요즈음에야 몇 년 죽어라 하면 되지 뭐 낭인까지 될 염려는 거의 없을 것이다. 요컨대 어려워서 못하지는 않는다는 말이다. 누구든 죽을 각오로 공부하겠다는 의지만 있다면 도전할 만 하지 않느냔 말이다.

정말 그렇다. 내가 살아보니까 이들 전문직들은 마치 바둑 둘 때 꽃놀이패를 즐기고 있는 사람들 같다. 직장에 들어가서 일하고 싶으면 높은 보수 받고 일하고, 다니다 싫증나거나 봉급이 너무 적다 싶으면 사표 내고 나와서 다시 자기 사무실 차려 돈 잘 벌고, 돈 잘 벌리면 국회의원도 나가고 대통령도 나가고, 떨어지면 자기 사무실로 돌아와 그냥 돈 잘 벌고…. 이것이 꽃놀이패가 아니고 무엇인가. 인간은 돈과 권력과 명예를 추구한다고 볼 때 이 전문직 꽃놀이패보다 더 좋은 패가 어디 있겠는가. 그래서 부모들이 자식들한테 시도 때도 없이 공부하라고 다그치고 나처럼 직장을 나와 백발이 허연 중늙은이들조차 쓸쓸하게 막걸리잔을 기울이며 '그

113

때 부모 말 안 듣고 공부 안한 죄로 지금 내 모습이 이 모양 이 꼴'이라고 헛웃음을 웃는 이유다. 그러니 총명하고 야망이 있는 젊은이라면 이 꽃놀이패 얻기를 시도해야 한다.

그런데 '전문직으로 살까? 권위자로 살까?' 라는 질문에 무작정 전문직을 선택하기에는 좀 생각해볼 여지가 많다. 전문직이 될 수 있을 정도의 두뇌와 인내력을 갖춘 젊은이가 자기 적성에 맞는 다른 분야에 투신하였을 때 그 분야 최고의 권위자가 되어 얻을 수 있는 여러 가지 보상을 생각해볼 필요가 있다. 무턱대고 전문직을 선택할 경우 지불해야 하는 기회비용이 클 수 있다는 말이다. 내가 공부를 아주 잘하고 특히 생물분야에 흥미가 많은 조카한테 의대 가지 말고 서울공대나 카이스트로 가서 생물공학 같은 것을 해보라고 막 우긴 이유가 다 그런 것이다. 예전 내가 서울공대에 들어갈 때만 해도 적어도 서울 의대를 갈 수 있는 실력이 있어야 서울공대에 들어갈 수 있었는데 지금은 제주도까지, 어디 조그만 시 단위까지 전국의 의대, 치대, 한의대 다 안 되면 그 다음에 재수를 할까 그냥 한 번 가볼까 검토해 본다는 서울공대가 되어 버렸다지만 말이다. 지금 의과대학을 갈 수 있는 실력이면 가령 생물이나 화학계통의 학과는 어느 대학이나 우수한 성적으로 들어갈 수 있을 수 있을 것이고 평생 그 분야를 열심히 공부하면 그 분야의 우리나라 최고 권위자가 될 수 있지 않겠는가. 그냥 수 만 명의 의사, 치과의사, 한의사 중의 한 명으로 사는 것보다 훨씬 많은 보상을 기대할 수 있지 않을까?

가령 서울공대 생물공학과에 가서 전공 공부 열심히 하면 한 세대 50만 명 중 생물공학 1등을 할 수 있다는 말이다. 생물공학으로 대한민국 1등! 또는 화학공학으로 대한민국 1등! 아니면 수의학의 대한민국 최고 권위자! 멋있지 않은가? 당연히 돈도 벌고 명예도 얻을 수 있고 말이다. 가령 변호사나 의사가 될 실력을 가진 젊은 이가 고고학이나 동물학을 사법시험이나 의대 공부하듯 열심히 하면 아마 그 분야의 권위자가 되는 것은 그다지 어렵지 않을 것이다. 노벨 '고고학상' 이나 노벨 '생물학상' 은 '따 놓은 당상' 일 것이다. 매력 있지 않은가?

여기서도 역시 방사형 그래프를 그려본다면 돈과 권력의 경우 역시 전문직이 더 많이 얻을 확률이 높지만 명예의 경우는 그 분야 권위자가 더 많이 얻을 확률이 높을 것이다. 난이도는 전문직이 되는 것은 짧은 시간에 집중적으로 공부하는 것이고 권위자는 그래도 좀 느긋하게 오랫동안 공부하는 것이니 권위자 되기가 약간은 쉽지 않을까? 위험도도 대개는 큰 조직에서 일하게 될 그 분야 권위자에 비해 스스로 자신의 업을 시작했을 때 실패할 확률이 더 높은 전문직이 더 크다고 보아 아래 그림처럼 그려 보았다.

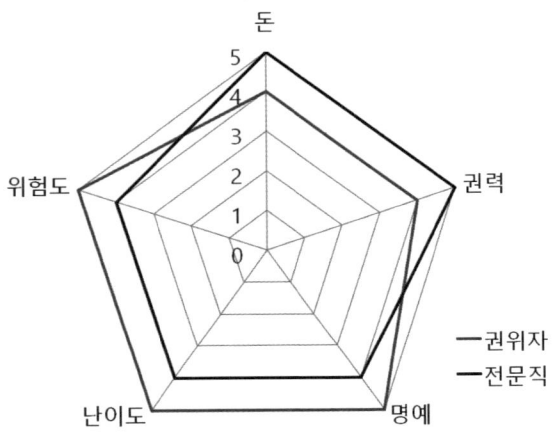

-전문직으로 살까? : 권위자로 살까?-

이 경우는 전문직이건 권위자건 두 가지 모두 다른 보통 젊은이보다는 실력이 상당히 뛰어난 경우다. 자연스레 돈도, 권력도, 명예도 얻을 확률이 당연히 더 높을 것이므로 평균보다는 더 높은 4점이나 5점을 주어야 할 것이다. 위험도의 경우도 전문직이나 분야별 권위자 이 두 가지 사이의 상대적 비교일 뿐 높아봐야 얼마나 높겠는가. 그러니 이 항목도 역시 4점이나 5점을 주어 보았다.

그래프의 오각형 면적을 보라. 꽉 차 있지 않은가. 그래프 안이

널찍하지 않은가. 공부 잘하면 그만큼 돈, 권력, 명예도 얻기 쉽고 세상 살아가는 데 어려움도 위험도 적다는 얘기다.

스페셜리스트? 제너럴리스트?

인터넷을 뒤지다 보니 미국의 경영경제전문지 〈Inc.〉에 실린 농담 같은 얘기라며 이렇게 소개하고 있었다.

"갑자기 기계가 섰다. 밤샘 근무를 할 정도로 바쁜 때였다. 전문가를 급히 초빙했다. 전문가는 기계를 한동안 들여다보기만 했다. 3분쯤 지났을까? 전문가는 망치를 꺼내 들었다. 그리고 기계를 두 번 탁탁 쳤다. 멈췄던 기계가 다시 돌아가기 시작했다. 공장장이 비용을 묻자 전문가는 망설임 없이 말했다. '네. 500달러만 주십시오.' 망치질 두 방에 500달러라니? 전문가의 망치 두 방에 기계가 다시 돌아가는 것을 보고 기분이 좋았던 공장장은 그래도 너무한다 싶어 수리비 명세서를 요구했다. 며칠 후 청구서가 날아왔다. 다음과 같이 비용 명세가 적혀 있었다."

> 망치로 두드리는 비용=1달러
>
> 어디를 두드려야 할지 급소를 알아내는 비용=499달러
>
> 합계=500달러

이런 사람들을 나는 스페셜리스트specialist라고 부르고 싶다. 의사나 변호사 같은 전문직처럼 라이센스가 있는 것도 아니고, 특허를 가지고 있는 것도 아니고, 무슨 무형문화재 공인증도 없지만 남이 흉내내기 쉽지 않은 탄탄한 기술을 가진 우리 사회의 큰 홍익인간들 말이다. 우리 생활이 갈수록 복잡해지고 고급화되다보니 이런 스페셜리스트가 많이 필요하게 되었고 주가도 높아졌다. 스페셜리스트가 되어야만 힘들이지 않고도 많은 돈을 오래 벌 수 있고 잘하면 명예도 얻을 수 있는 당연한 현상은 앞으로 더 심해질 것임에 틀림이 없다. 1020 젊은이들이 스페셜리스트가 되어야 하는 이유다.

가령 요즘 한옥 짓는 대목들이 각광받고 있다.

내가 어렸을 때만 해도 웬만한 면 소재지 정도면 지금의 한옥 무형문화재 수준에 버금가는 목수들이 다 있었다. 그러다가 한옥이 자취를 감추고 이 목수들도 거의 돌아가시고 수요가 적은 대목수 일을 배우려는 사람도 적어지니 이젠 무형문화재로 지정해서 나

라에서 보호까지 하는 세상이 되었다.

또 있다. 예전엔 농촌의 집집마다 애나 어른이나 누구나 할 수 있었던 마름 엮기, 새끼 꼬기, 짚신 틀기, 꼴망태 만들기, 가마니 짜기조차 이젠 할 수 있는 사람이 없어서 살아 있는 노인들 모두를 무형 문화재로 지정해야 할 형편이 되어 버렸다. 대학에 학과까지 생기고 인기요리사가 TV화면을 도배할 정도로 요리사도 대단한 대접을 받는 시대가 이미 왔다. 사회가 다방면으로 복잡해짐에 따라 이들 스페셜리스트에 대한 수요는 계속 늘어나는데 공급은 쉽게 늘어날 수가 없으니 가격이 올라 갈 수밖에 없지 않은가.

왜 공급이 늘어나기 쉽지 않느냐고? 어떤 분야에서건 이런 스페셜리스트가 되려면 상당한 수련과 인내가 필요하다. 일본의 한 유명한 횟집 이야기가 TV에 나오는 걸 본 적이 있다. 이 집 요리사들은 요리학교 2년을 졸업하고 이 횟집에 취직해서 7년간 수련을 쌓아야 비로소 스스로 회를 떠 손님들에게 내놓을 수 있다고 소개했다. 흔한 말로 '밥 짓기 3년, 밥 쥐기 4년'이란 말이다. 회사에서 얻어준 합숙소에서 세 사람이 한 방을 쓰면서 7년! 스페셜리스트가 된다는 것은 이만큼 어렵지만 일단 스페셜리스트가 된 다음에는 오랫동안 안정적으로 많은 수입을 올릴 수 있다. 창업도 가능하다. 무엇보다 나이가 들수록 더 스페셜하게 된다. 그럼 점수 매기기에 들어가 보자.

　스페셜리스트가 되어 자신의 사업을 시작하면 적지않은 수입을 올릴 수 있을 것이다. 4점 정도 주어보자. 또 전문적인 기술을 가지고 있어 혹 망할 위험도도 상당히 낮을 것이다. 그래서 5점! 목수, 요리사 등 종류에 따라서는 명예도 상당하니 명예에다 한 4점 주어볼까? 권력이야 보통 이니까 3점 정도 주자. 스페셜리스트가 되기에는 기술 자체가 스페셜할 뿐 아니라 오랫동안 수련 생활을 감내해야 하기 때문에 쉬운 일이 아니다. 그렇다면 난이도에는 2점을 주자. 이 스페셜리스트는 의식주에 관한 것 뿐 만아니라 기술, 예술, 역학, 풍수지리에 이르기까지 우리 생활 전반에 걸쳐 있다. 일부는 자신의 특별한 '재능' 을 다른 사람이 흉내 내지 못하도록 특허로 보호받기도 하고 말이다.

　스페셜리스트의 반대가 제너럴리스트generalist라고나 할까? 나는 기술적인 난이도가 크지 않아 누구나 쉽게 배울 수 있는 일을 하는 사람을 제너럴리스트라고 보았다. 가령 커피 바리스타나 각종 도우미, 단순한 사무직이나 비서직, 차량운전 같은 기술들은 조금만 노력하면 아무나 할 수 있으니 공급은 거의 무한대로 늘어 날 수 있고 수요는 한정되어 있어 당연히 가격은 낮을 수밖에 없다.

　이들 제너럴리스트의 점수는 다섯 분야 모두 제너럴하게 3점 주어보자. 어떤가? 스페셜리스트로 살 것인가, 아니면 제너럴리스트로 살 것인가?

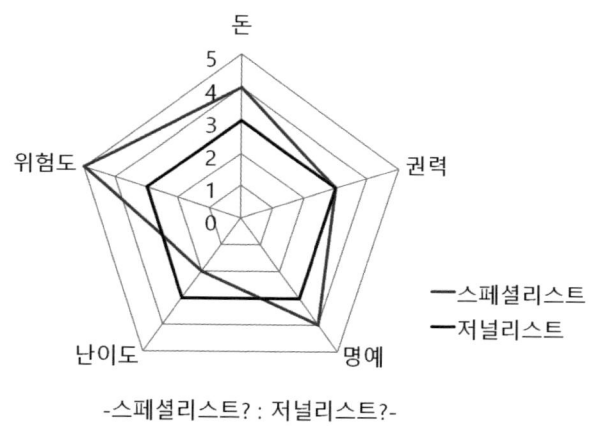

-스페셜리스트? : 저널리스트?-

대기업(공무원, 공기업) 갈까? 중소기업갈까?

우리나라 1,900만 개의 일자리 중 약 300만개 정도가 대기업과 정부 혹은 공기업의 일자리다. 나머지 1,600만개의 일자리를 중소기업이라고 보면 될 것이다. 그런데 이 대기업(공무원, 공기업)에 가는 것이 좋은가 아니면 중소기업에 가는 것이 좋은가? 이 질문에 대한 우리사회 지도층의 위선은 절망적이다. 젊은이들이 대기업(공무원, 공기업)만 찾는다며, 쌔고 쌘 중소기업 일자리는 외면하면서 일자리 없다고만 불평한다며 꾸짖는 사람들 말이다. 한마디로 남의 일이라고 말을 해도 너무 함부로 한다.

그럼 자기 아들 딸은 중소기업 안 보내고 왜 대기업(공무원, 공기업)보내려고 그 야단을 하나? 중소기업 다니는 사위나 며느리 얻지 왜 안 얻나? 대기업이나 공직 선호 현상은 세계 어느 나라나 마찬가지다. 고졸이 4년 근무하면 대졸 봉급을 받고 또 2년 더 일하면 대학원 출신 봉급 받는다는 일본의 젊은이들도 대기업에, 대기업 중에서도 더 큰 대기업에 가고 싶어 안달이다. 유럽이건 일본이건 공무원이나 공기업도 인기가 하늘을 찌른다. 큰 물에서 놀아야 큰 물고기가 될 희망이라도 가질 것 아닌가.

미국에서는 같은 대학 졸업자라도 전공에 따라 봉급이 천차만별이고 학교 수준에 따라서도 봉급이 다르다. 가령 같은 MBA라도 일류학교 MBA 출신과 좀 처지는 학교 MBA 출신과는 봉급 차이가 심지어는 세 배까지 나는데 드러내놓고 불평하는 사람은 아무도 없다. 세계의 인재들이 미국으로 몰리는 이유가 뭔가? 그리고 그런 사람들이 미국의 소위 '지력知力'과 창의력을 높여 세계 최고의 국력을 그토록 오래 유지하고 앞으로도 계속 세계 일등을 놓치지 않을 것처럼 보이는 이유가 무엇인가.

　말 할 것도 없이 바로 이런 이유 있는 차별을 통한 경쟁 분위기 조성이다. 누구든 새로운 생각을 하고 그 생각을 실현하기 위해 열심히 일하면 부자가 될 수 있다는 희망을 미국이라는 나라가 다른 어떤 나라보다 더 많이 주고 있는 것이다. 그렇다고 연봉 수준만 취업 선택 기준이냐? 아니다, 큰물에서 놀아야 뭐가 되어도 될 것 아닌가. 언젠가는 세계적인 대기업의 사장도 될 수 있을 것 아닌가. 이렇듯 미국에서도 조그만 기업보다는 큰 기업에 들어가고 싶어 하고 공무원이나 공기업 직원, 교사 또는 군인이 되고 싶어 하는 것은 우리나라와 똑같다.

　유럽도 마찬가지다. 이렇게 세상의 모든 취업희망자들이 큰 기업이나 정부 또는 공직을 선호하는데 들어갈 수만 있으면 대기업(공무원, 공기업)에 들어가야지 뭐 하러 보수도, 이름값도, 복지도 훨씬 떨어지는 중소기업에 들어간단 말인가.

　젊은이가 중소기업에 가서는 안 되는 이유가 그것뿐만은 아니다. 소위 잘 나간다는 중소기업이라도 앞으로 30년이나 40년 후까지 그 회사가 살아 남을 확률 자체가 그리 높지 않다. 열에 하나나 살아 남을까? 대기업(공무원, 공기업)에 비해 중간에 직장을 그만둘 위험이 엄청 크다는 얘기다. 십중팔구란 말이다. 그래서 중소기업을 사랑하사 밤잠을 못 잔다는 위선자들의 엉뚱한 말에 속아 멋모르고 중소기업 가면 평생을 후회할 수 있다.

그렇지만 진짜로 포부가 큰 젊은이라면 얘기가 달라진다. '내 목표는 그깟 월급쟁이가 아니다. 기왕 한 번 사는 인생 큰 돈을 벌어 세상을 쥐락펴락 해보고 싶다'는 생각으로 자기 사업을 하고 싶다면 중소기업에 들어가서 일하는 것이 대기업이나 공직에 들어가는 것보다 훨씬 좋을 수 있다. 대기업처럼 큰 조직의 일원이 되면 거대한 기계의 톱니바퀴 하나일 뿐으로 관리면 관리, 생산이면 생산, 영업이면 영업, 회계면 회계만 알지 다른 분야는 접해 볼 기회가 없다. 그러다 정년이든 구조조정이든 어떤 이유로든 결국 직장에서 나올 수밖에 없는데 그때는 어떻게 할 것인가? 할 일이 있을 리 없다. 그렇지만 중소기업에서는 생산, 영업, 회계, 재무, 전략, 마케팅, 심지어 오너는 어디에 무슨 로비를 하는지까지 사업 전반을 배울 수 있다. 그래서 회사라는 조직을 처음부터 끝까지 온몸으로 체험한 다음 자신의 사업을 일으켜보겠다는 용기를 가진 젊은이라면 무턱대고 대기업(공무원, 공기업)에 입사하는 것보다 중소기업을 선택하는 것이 훨씬 좋을 수 있다. 그렇다고 아무 중소기업이나 선택하라는 말은 아니다. 자신이 잘하는 일을 찾고 바로 그런 일을 하는 중소기업을 선택해야 함은 물론이다. 그런 다음 회사를 다니며 차근차근 자신의 창업을 준비한다면 직장이 바로 창업예비학교가 될 것이다. 돈 받으며 제대로 된 창업 학교를 다니는 행운을 얻을 것이다.

그래도 일단 폼 나는 대기업(공무원, 공기업)에 들어가 다니다 한 10년 후 돈도 안목도 좀 생기면 자신의 사업을 해보겠다고? 이런 생각이 바로 탁상공론이다. 뉴턴의 운동법칙 중에 관성의 법칙이라는 것이 있지 않은가. 물체는 운동하는 방향으로 계속 운동하려 한다는 법칙인데 사람의 행위도 마찬가지다. 가고 있는 방향으로 계속 가고 싶은 타성이 사람에게도 강렬하다.

사원은 대리 되고 싶고, 대리는 과장 되고 싶고, 과장은 부장 되고 싶고, 부장 되면 임원 되고 싶고, 임원되면 사장되고 싶고, 교감되면 교장되고 싶고, 국장되면 장관되고 싶은 것이 사람의 마음이다. 지금 가고 있는 승진궤도를 계속 타고 싶은 마음이 누구에게나 있다는 말이다. 그래서 일단 시작하면 타의에 의한 강제가 아니고서는 회사를 나오기가 쉽지 않다. 자기 할 일이 딱 정해진 것도 아닌데 어떻게 달마다 월급 나오는 회사를 접고 나와 위험하기 짝이 없는 자기 사업을 시작한단 말인가.

물론 대기업(공무원, 공기업) 몇 년 다녔다고 해서 생각만큼 돈이 모아지는 것도 아니다. 그래서 일단 대기업(공무원, 공기업)에 들어가면 월급쟁이로 끝날 확률이 아주 높다. 100%라고 보면 된다. 한 20년 다니다 빈털터리로 나와서 30~40년을 더 산다? 뭐 먹고? 그러니 큰 돈을 벌어 보겠다는 원대한 포부를 가졌다면 처음부터 중소기업에 들어가 사업 전반을 배운 다음 내 사업을 하는 것도 좋은 방법이다. 사실 내가 젊은이들에게 진짜로 추천하고 싶은 길이다. 과연 지금 이 땅의 젊은이들이 그런 용기와 인내를 가지고 있을까?

그럼 대기업(공무원, 공기업)과 중소기업의 매력도 그래프를 다음의 위쪽 처럼 그려보자. 돈, 권력, 명예 모든 면에서 대기업이 유리하다. 망할 확률도 대기업(공무원, 공기업)이 물론 낮으니까 위험도도 낮다. 그렇지만 취업이 어려우니 난이도는 대기업(공무원, 공기업)의 경우가 높다고 봐야 할 것이다. 대기업(공무원, 공기업)에 3점 주고 중소기업에 4점을 주어보자. 이것이 CASE 1이다. 구태여 설명이 필요 없을 것이다.

CASE 2의 경우는 자기 사업을 해서 큰 돈을 벌어 보겠다는 젊은이의 경우다. 각 항목에 대한 대기업(공무원, 공기업)의 점수는 CASE 1처럼 그대로 주면 되고 중소기업의 점수는 완전히 변했다. 자기 사업을 하면 상당한 돈과 권력과 명예를 얻을 수도 있을 것이다. 돈에 5점, 권력과 명예에 각각 4점을 주었다. 대신 공짜 점심은 없을 것이다. 망할 확률, 즉 위험도가 매우 높다는 것은 늘 말한 대로다. 그래서 각각에 2점만 주어보았다.

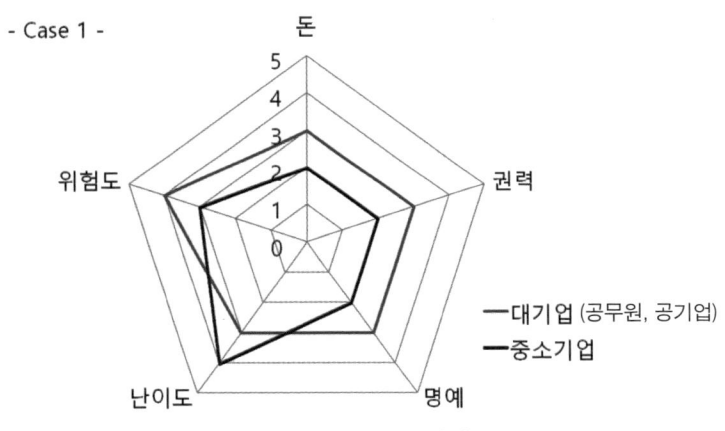

-대기업 갈까? : 중소기업 갈까?-

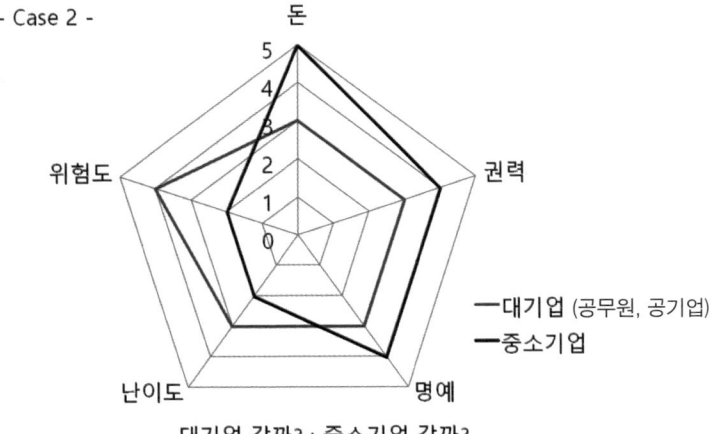

-대기업 갈까? : 중소기업 갈까?-

127

취업할까? 창업할까?

한 마을에 이장, 의원, 포졸, 무당, 훈장, 대금업자, 대장장이 각각 한 명씩만 있으면 되지 뭐 하러 여러 수십 명이 필요한가. 모두들 공무원, 의사, 경찰관, 목사, 교사, 금융인, 회사원만 되려고 온 동네 집집마다 장독대에 정화수를 떠놓고 빌고 야단법석을 떠는 것을 보면 정말이지 큰일이 났다. 그래봐야 헛수고다.

현행 우리나라 대학 입학제도 아래서는 수험생 자신도 부모도 왜 내가 대학에 붙었는지 떨어졌는지 그 이유를 알 수가 없다. 대학 입시제도를 연구하는 전문가가 따로 있을 정도다. 세상에 대학 입시제도 자체를 전문가가 연구해야 한다니 참으로 가관이다. 그런데 이 전문가라는 사람이 하는 설명을 들어도 웬만한 사람은 이해하기조차 어렵다. 전문가의 설명을 해설하는 해설자가 또 필요하다. 참 이상한 나라의 이상한 대학 입시제도다.

어찌 어찌해서 대학에 가면 뭐하나. 졸업과 동시에 실업자 신세인데 말이다. 대학 졸업생 중 열에 하나 정도나 제 맘에 드는 회사에 입사한다. 취업률 70퍼센트니 80퍼센트니 하는 소리는 다 헛소리다. 외부 평가와 신입생 모집을 위한 대학의 선전용 자료일 뿐 대졸이 갈 만한 자리에 취직한 경우는 실은 가뭄에 콩나듯이라는 말이다. 사정이 이러하니 수백 군데 원서를 내도 갈 곳이 없어 알바로 우왕좌왕 하루를 보내는 졸업이 닥친 대학생들의 공포에 떠는 얼굴을 보라. 부모들은 울지도 못하고 가슴만 쥐다 자다가도 벌떡 일어난다.

이렇듯 아무리 험난해도 직장에 들어가 일하는 것은 누구에게나 가장 일반적인 돈벌이 방법이다. 회사에 들어가거나 공무원이나 교사나 교수가 되면 큰 조직인 회사나 정부나 학교를 등에 업고 있어 일하기도 쉽고 크게 고생할 염려도 없다. 혹 회사가 망해도 위험부담은 오너가 지기 때문에 종업원은 자기 자리 날아갈까봐 밤잠을 못 자고 걱정이야 하지만 오너처럼 애가 끊어지지는 않는다. 더구나 공무원이나 교사 혹은 교수라면 정부나 학교가 망할 위험은 자신이 교통사고로 갑자기 죽을 확률보다 훨씬 적지 않겠는가. 그만큼 안정적이다. 하지만 큰 돈은 당연히 못 번다. 그냥 밥먹고 사는 정도인 것은 예나 지금이나 마찬가지고 미래에도 크게 달라지지 않을 것이다. 솔직히 세금 받아 봉급 주는 정부가 공무원 처우를 개선해봐야 얼마나 하겠는가. 하루 하루를 세상의 모든 회사와 치열한 경쟁 속에 살아가는 회사가 직원들에게 팍팍 인심쓰다간 회사 자체가 망하지 않고 배겨나기나 하겠는가.

세상의 구조가 그렇게 되어 있다. 빠듯하게 먹고 살 만큼만 봉급을 주고 받을 수밖에 없단 말이다. 그래서 장·차관 쯤 크게 출세하여 전관예우까지 받거나 큰 기업의 사장, 그것도 한 10년 이상 하지 않는 이상 공무원이나 회사원은 언제나 빠듯하게 살 수밖에 없다. 남 부럽지 않은 넉넉한 생활을 하는 것은 사실이지 꿈이란 말이다. 이렇게 직장생활은 위험이 적고 안정적인 반면 큰 돈을 벌지는 못한다.

직장생활의 치명적인 문제는 또 있다. 얼마 못 다니고 직장을 나오게 된다. 정년이라도 하면 다행이고 수시로 구조조정이다 뭐다 해서 타의로 직장을 나와야 되지 않는가. 요즈음 정년을 늘린다 어쩐다 하는데 아무리 그래 봐야 60세 이상은 늘리지 못할 것이다. 왜냐면 사람이 한 55세 넘으면 정신적·신체적 능력이 확 떨어진다. 세금 받아 봉급 주는 공무원은 몰라도 세계의 모든 회사와 경쟁해 이겨야 살아남는 회사는 능력은 떨어지고 봉급은 많이 줘야 하는 나이 먹은 사람을 계속 고용할 수는 없게 되어 있다. 이 것 또한 회사의 경영 구조다. 그러니까 회사원이건 공무원이건 지위가 높건 낮건 누구든 직장을 다니는 동안은 겨우 밥먹고 살다 결국 맨손으로 직장을 나와야 한다. 누구든 마찬가지다. 조직의 진짜 쓴 맛은 이때 보는 거다. 오늘날은 사람의 평균수명이 엄청 길어지지 않았는가. 오래 산다는 말이다. 옛날 내가 태어날 때는 우리나라 국민의 평균수명이 겨우 쉰 두 살이었다. 그런데 지금은 누구나 여든은 살고 아흔을 사는 사람도 흔하지 않은가. 통계청의 기대여명표를 분석해보면 요즘의 1020 젊은이들은 아무래도 90살까지는 살 수 있지 않을까? 90살! 그렇다면 직장 다니다 60세에 정년퇴직 한다고 해도 그 다음 삼십년 동안 뭐하고 살까? 뭘 먹고 살까? 겁나는 이야기다.

그래서 많은 젊은이들이, 은퇴자들이, 심지어 멀쩡하게 직장 잘 다니는 사람들조차 스스로 창업을 꿈꾼다. 무엇보다 자신의 사업을 자신이 사장이 되어 일한다는 것은 얼마나 멋진가. 잘 되면 큰 돈을 벌 수도 있고 말이다. 하지만 세상에 공짜 점심은 없다. 점심 값은? 역시 위험이다. '하이 리스크 하이 리턴high risk high return' 에는 동서고금 예외 없다. 2013년 국세청 통계에 따르면 이런 자영업자의 폐업비율 그러니까 자기사업을 하다 망한 사람의 비율이 85퍼센트라고 발표하고 있다.

또 역시 국세청의 통계는 창업 후 3년 이내에 사업을 접는 비율이 61퍼센트였다고 하지 않는가. 사업을 접은 비율이 이 정도라는 것은 손해 보며 사업을 계속하고 있거나 이익을 못 내고 가게 문만 열어놓고 있는 경우까지 합하면 실질적으로 열에 아홉은 3년 내에 망한다고 보면 된다.

생각해보라. 가령 3억을 투자해서 창업했다가 3년 만에 폐업했다면 죽어라 일하고 한 달에 800만 원씩 날린 셈이 된다. 창업은 이만큼 위험하다. 창업해서 망하면 그냥 직장에서 잘리는 것과는 차원이 다르다. 집도 절도 없는 거지가 될 수도 있다. 만약 부모한테 손 벌리면 그땐 부모까지 길거리에 나앉게 되고 말이다. 한마디로 패가망신, 폭삭 망할 수 있다. 사업이란 것이 자기 돈 얼마에다 남의 돈 빌려서 하는 것인데 만약 잘못 되어서 빌린 돈을 못 갚으면 사기죄로 감옥까지 드나드는 경우도 비일비재하다. 가만히 있자니 굶어 죽겠고 뭔가 해보자니 위험하기 그지없다? 세상살이가 그렇다. 온통 딜레마, 진퇴양난이다.

위험하기만 한가? 힘도 든다! 자기 사업을 하면 일 주일 내내 심지어는 주말까지 하루 열 몇 시간 씩을 일해야 한다. 창업하면 이런 고생은 누구나 다 마찬가지다. 회사 다닐 때 자기 사업하듯 열심히 하면 사장 되는 것은 식은 죽 먹기란 말이 농담이 아니다. 그리고 무엇보다 넥타이 깔끔하게 매고 큰 조직인 정부기관이나 회사 다니는 것보단 시간도 없고 폼도 안 난다. 가깝게는 현실적으로 결혼하기도 더 어려운 것이 사실이다. 결혼할 때 하객도 적고 집안에 부모님 상 같은 무슨 큰 일이 있어도 손님 몇 없이 초라하게 치르게 된다. 그게 뭐 그리 대수냐고? 그렇지 않다. 대수다. 살아보면 그런 것만큼 중요한 일도 몇 안 된다는 것을 알게 된다.

한마디로 사회적 네임 밸류가 많이 떨어진다. 조직 생활에서는 당연한 4대 보험도 휴가 따위도 없고 모든 것이 자기책임인 것도 실은 상당한 부담이다. 일 년 내내 휴가도 없이 하루 열 시간 이상 일한다? 그래도 큰돈을 벌고 싶거나 평생 제 사업을 하고 싶은 1020은 창업을 피할 수 없다. 이 취업과 창업을 직업의 오대 요소 그래프로 한번 정리해보자.

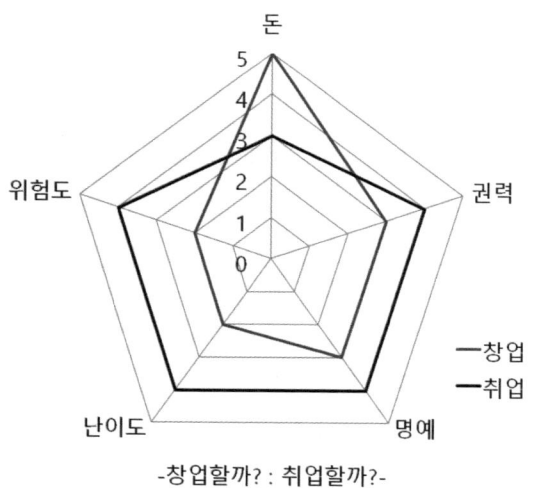

-창업할까? : 취업할까?-

창업해서 성공하면 취업보다 훨씬 많은 돈을 정년도 명예퇴직도 없이 자기 하고 싶을 때까지 벌 것이므로 창업에 한 5점 주고 취업에는 평균치 정도인 한 3점 주어보자. 권력과 명예는 큰 기업에서 일하는 것이 창업보다는 권력도 명예도 얻을 확률이 더 높으므로 창업에는 3점씩, 취업에는 2점씩 주어보자. 위험도와 난이도의 경우 그냥 직장에 다니는 취업은 상당히 낮으므로 4점, 창업의 경우 난이도도 위험도도 매우 높으므로 각각 2점을 주자. 이렇게 점을 찍은 후 이점들을 연결해 보면 취업과 창업의 상대적인 매력도를 대강 알 수 있을 것이다.

블루오션을 찾을까? 레드오션에서 잘해볼까?

핏자국 낭자한 레드오션에서 상처뿐인 영광이나 거두면 뭐하나. 그러니 아무도 가지 않는 블루오션에 도전하라. 이런 소리가 유행을 타고 있다. 물론 좋은 말이다. 그렇다. 젊은이라면 개척자의 정신으로 블루오션에 도전해야 한다. 단 맨손으로 도전하고 평생을 쫄쫄 굶을 각오 정도는 해야 한다.

서점에 가보면 밥 먹고 살려고 아무도 가지 않는 길을 갔는데 우연히 봉사 문고리 잡기로 성공한 사람들이 자랑 겸 쓴 책들이 많이 나와 있다. 특히 블루오션에 도전하여 성공한 사람이 그 성공이 마치 자신의 탁월함 때문인 것으로 착각하고 '나처럼 블루오션에 도전하라' 어쩌고 한다. 모두들 위험은 말하지 않고 성공 스토리만 뽑아 쓰다 보니 블루오션이 마치 성공의 지름길인 것처럼 생각하기 쉬운데 큰 일 날 소리다. 물론 몇 번을 망해도 버틸 만한 자본이 있는 경우는 괜찮다. 가령 자본과 정보가 풍부한 대기업은 몇 십 억 정도의 돈으로 수많은 블루오션에 진입했다가 그 중 한두 가지 사업에서만 성공해도 결국 남는 장사를 한 것이 된다. 신통찮은 수많은 사업들을 낚싯밥 버리듯 미련 없이 버려도 대어 한두 마리면 본전을 뽑고도 남는단 말이다. 그렇지만 돈 없는 보통 사람들에게 블루오션에의 도전은 대부분 만용일 수 있다는 것을 알아야 한다. 경쟁이 치열해서 싸워서 이겨 봐야 내 차지가 적지만 먹이가 있기는 있는 것이 확실한 곳이 레드오션이다. 한편 먹이가 있는지 없는지 확실하지 않을 뿐더러 산더미처럼 높고 얼음보다 차가운 파도가 블루오션의 정의 아닌가. 그러니 맨손으로 도전하여 고래를 잡겠다는 만용에 가까운 용기와 오랜 기간 배고픔을 참을 인내를 가지고 블루오션에 도전해야 한다.

그럼 방사형 그래프의 점수는? 레드오션은 그냥 지금 모두 레드

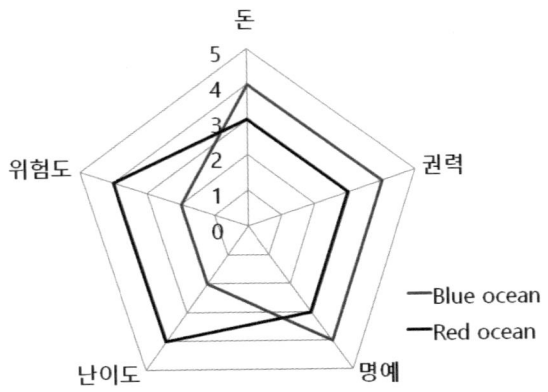

-블루오션을 찾을까? : 레드오션에서 잘 해 볼까?-

오선에 살고 있으니까 다섯 가지 요소 중 세 가지 요소는 모두 3
점주고 난이도와 위험도는 블루오션보다 훨씬 낮으므로 높은 점
수 4점을 주는 것이 좋겠다. 그리고 블루오션의 돈, 권력, 명예는 4
점을 주되 난이도와 위험도는 레드오션보다 한참 높을 것이므로
낮은 점수 2점을 주어서 그려보자.

내 직업 찾기 프로젝트

먼저 자신과 부모를 냉정하게 관찰하라

나는 초등학교 3학년 때 전교 1등이었지만 스스로 IQ는 반에서 딱 중간 정도라고 생각했다. 다른 친구들이 지게 지고 땔나무 하러 다니느라 공부할 시간이 없어서 그렇지 IQ로 치면 나보다 높은 애들이 70명 한 반에서 서른 명은 된다고 스스로 생각한 것이다.

초등 3학년도 자신을 이 정도까지 정확하게 알 수 있다. IQ는 반에서 중간 밖에 못 되었지만 내게도 남보다 뛰어난 점은 있었다.

학교에 갔다 오면 젖 염소 두 마리에게 배가 터지도록 풀을 먹이는 것이 내 일과였다. 그래야 다음 날 아침에는 배가 홀쭉해지는 대신 젖이 땅에 닿을 정도가 된다. 나는 할머니부터 막내까지 온 식구가 마시기에 충분한 젖을 짤 수 있었다. 그런데 저녁 5시 혹은 6시 거의 해 질 녘이 염소가 풀을 제일 잘 뜯는 시간이다.

풀을 뜯느라 염소가 다른 생각을 할 겨를이 없는 것처럼 보이는 때다. 그 때면 나는 염소 말뚝은 아무 데나 던져 놓고 멀리 월출산을 바라보며 생각에 잠기는 때가 많았다. 저 월출산 뒤에는 누가 살고 있을까. 그리고 그보다 더 먼 광주며 서울이라는 곳에는 또 얼마나 멋있는 사람들이 살고 있을까. 동경 같기도 하고 그리움 같기도 한 막연한 생각으로 가슴이 트이기도 하고 답답하기도 했다. 언제나 처럼 온 하늘에 불타는 월출산의 낙조는 내 가슴을 압도했다. 저 어마어마한 돌덩이 월출산과 저 하늘을 가득 덮어 무섭도록 검붉은 저녁 노을에 비하면 '아하! 인간은 나뭇잎 같은 존재구나!' 하는 생각이 저절로 떠올랐다. 인간은 나뭇잎처럼 봄에 연초록으로 나고 여름 한때 푸르렀다가 가을이 되면 늙은이의 흰 머리카락처럼 낙엽 지고 겨울 눈과 함께 없어지는구나. 한 10년 후 고등학교 국어 방학 숙제로 마르쿠스 아우렐리우스의《명상록》을 읽었다. '인간은 나뭇잎' 운운하고 있었다. 내가 염소에게 풀을 먹이며 하던 생각과 똑같았다. 단지 그럴듯한 글로 써놓은 것에 불과했다. 로마 황제란 사람이 썼다는 고전이 겨우 초등학교 3학년 짜리의 논두렁 잡념 수준이란 말인가? 그것을 2,000년 지난 지금까지 무슨 대단한 것인 양 고등학교 교과서에까지 싣고 선생님은 방학 숙제로 읽어오라고 한단 말인가. 초등학교 3학년이 이런 수준의 생각을 할 정도라면 되지도 않을 공부로 겨우 밥이나 먹고 살 일이 아니라 무슨 철학자나 사상가가 되었어야 하는 것 아닌가?

이렇다. 자신이 잘 할 수 있는 일은 어쩌면 자신 밖엔 모른다. 언제나 머리와 허파와 심장을 비우고 묵상하라. 깊은 마음속까지 뒤집어 보면 자신의 진짜 모습이, 특히 자신이 잘 할 수 있는 일이 무엇인지 떠오를 것이다.

이렇게 자신을 객관적으로 관찰함과 동시에 부모님을 관찰하라. 사람의 몸은 아버지의 유전자 1/2과 어머니의 유전자 1/2로 이루어져 있다. 부모의 형질을 반씩 받아 태어났으니 부모의 두뇌, 체력, 손재주, 말솜씨, 외모, 정직성, 근면성 등 모든 것을 그대로 물려받는다. 이런 부모의 형질 중 볼 수 있는 것은 다 봐라. 자신과 다른 환경을 살아온 점은 물론 고려하면서 우리 아버지와 어머니가 어떤 일을 했으면 제일 잘 했을까를 진지하게 생각해보라.

우리들의 진짜 모습이 바로 거기 있다. 부모가 잘할 수 있는 일이 바로 자식이 잘 할 수 있는 일이다. 자식의 IQ와 성격과 적성의 20~30퍼센트는 이렇게 부모로부터 선천적으로 타고난다. 타고난 것은 탄탄한 반석처럼 절대적이다. 후천적인 환경에 의해 형성된 나머지 70~80퍼센트도 실은 타고난 20~30%에 기반을 두고 있다는 것을 알아야 한다. 그리고 후천적인 이 70~80%는 환경의 변화에 따라 언제든 변할 수 있는 상대적인 것에 불과하다. 한마디로 자식의 IQ와 성격과 적성은 부모로부터 타고난다는 말이다. 우리 아버지는 일제와 해방과 6·25 그리고 그 후의 정치적 변화를 겪으며 그 때마다 사상도 소신도 바꾸기를 거듭했다. 그렇지만 나는 그런 아버지가 자랑스럽다. 부모 봉양하고 처자식 먹여 살리기 위해서는 지조도 소신도 그 무엇이라도 헌신짝처럼 버리는 남자야 말로 진짜 남자가 아닌가? 이런 아버지의 용기와 융통성이 나의 피에도 그대로 섞여 있다고 생각한다.

나도 나의 아버지처럼 설령 죽는 한이 있어도 처자식을 먹여 살릴 것이다. 그리고 변하는 세상에 맞춰 나 자신을 변화시켜 나갈 것이다. 물론 나 자신의 생존과 자손의 번식을 위한 돈, 권력, 명예 벌이를 위해서 말이다.

혹 어떤 1020의 아버지가 범죄를 저질러 감옥을 드나들었던들 어떤가. 노부모를 모시고 있는 한 사람의 아들로, 아내의 남편으로 그리고 자식들의 아버지로 남자가 범죄를 저지를 이유는 딱 두 가지밖에 없다. 바로 부모 봉양과 처자식 먹여 살리기가 그것이다. 제 잘 먹고 잘 살겠다고 범죄를 저지르는 아버지는 적어도 우리나라에는 없다. 목표가 수단을 정당화하지 못하네 어쩌네 하는 것이야 팔자 좋은 상팔자들의 지당한 소리일 뿐이다. 부모와 처자식이 쫄쫄 굶고 있는데 착하게도 수단을 가리고 있다면 그 사람이 자식, 남편, 부모의 자격이 있는가? 남의 집 담이라도 넘고 한국은행 금고라도 부숴야 하지 않겠는가. 이런 전과자 아버지를 둔 젊은이라면 아버지의 이런 가족 사랑과 용기 있는 유전자를 받았다고 보면 된다.

남편 잃고 줄줄이 딸린 자식들을 먹여 살리기 위해 이 집 저 집 개가했거나 심지어 몸을 팔았던 엄마인들 어떠랴. 대한민국 어느 엄마가 그런 치욕을 사서 했겠는가. 자식을 위해 자신의 몸을 돌보지 않은 이런 어머니에게 돌 던지는 놈이 있다면 그놈이야말로 돌을 맞아야 할 놈이다. 어머니의 그런 인내와 생명력이 모두 자식에게 그대로 유전되어 있다. 세상에 끈질긴 인내와 생명력 없이 되는 일이 어디 있는가. 이런 유전자를 받은 사람이라면 어떤 일을 하건 성공은 불문가지다.

이렇게 아무런 편견 없이 객관적으로 부모를 관찰하라. 이제 나이 들어 모든 것을 체념한 부모지만 어찌 청운의 꿈조차 없었겠는가. 부모가 무슨 꿈을 가졌는지, 그 꿈을 얼마나 이루었는지 아니면 왜 못 이루었는지를 묻고 객관적으로 관찰하라. 부모의 두뇌와 외모와 체력과 손재주와 말솜씨를 무엇보다 꿈을 관찰하라. 그리고 특히 외향적/사교적 성격인지 아니면 내향적/차분한 성격인지, 독립성이 강해서 혼자서 일하는 데 적합한지 아니면 주위 사람들과 협조를 잘하는지를 면밀히 관찰하라.

이렇게 자신과 부모를 최대한 객관적 입장에서 관찰해보면 자신의 진짜 모습이 점차 뚜렷이 떠오르게 되어 있다. 마찬가지로 자신이 잘할 수 있는 일도 떠오르게 되어 있다.

IQ검사, 적성 검사, 성격검사로
자신을 과학적으로 관찰하라

냉정하게 자신과 부모를 관찰하는 것이 무엇보다 우선이지만 자기 자신을 과학적·객관적으로 알기 위해 IQ검사, 적성검사, 그리고 성격검사도 받아보는 것이 좋다.

누구나 1020시절에는 이들 검사를 탐탁잖게 생각한다. 나도 그랬다. 공부가 전교 1등이면 당연히 내 IQ도 우리 고향 강진군 병영면 중에서도 외진 하고리 촌놈 정문이의 IQ 141보다 높아야 하는 것 아닌가. 그런데 중학교 때 선생님이 살짝 말해준 내 IQ는 129에 불과했다.

그 이후 고등학교 시절 또 한 번 IQ검사를 받았는데 무슨 이유에서인지 담임선생님이 비밀로 하시면서 아무튼 130은 못 되는 것으로 추측할 수 있는 힌트만 주셨다. "저기 경기여고 평균 131보다 니 IQ가 좀 낮다"라고만 말하시면서 씩 웃으셨다. 그 후 나는 어디서도 IQ 얘기는 하지 않는다. 그렇지만 자신을 객관적으로 평가하기 위해서 IQ검사는 꼭 필요하다. IQ라고 하는 것이 단지 공부에만 필요하다고 생각하면 큰 착각이다. 정신 노동이건 육체 노동이건 동서고금 세상의 어떤 일이건 IQ가 높아야 잘할 수 있다. 한약방의 감초라고나 할까. 그러니 자신의 IQ가 높게 나오면 '아, 나는 어떤 일도 잘할 수 있는 자질을 가지고 있구나' 하고 생각하면 된다. 이 IQ가 아주 높으면 이 높은 두뇌 능력을 최대한 잘 활용할 수 있도록 자신이 잘 하는 일을 찾아 꾸준히 성실하게만 해나가면 그만이다. 반드시 성공한다. 그 외 EQ니 뭐니 Q자 돌림이 몇 가지 나왔지만 내가 보기에는 단지 재미 정도라면 모를까 IQ에 비하면 중요도는 확 떨어진다. 결혼 상대자를 고를 때도 이 IQ는 반드시 참고해야 한다. IQ가 낮은 배우자를 만나면 당대는 물론 자자손손 별 볼 일 없다는 것을 알아야 한다.

적성검사 결과도 내 기대를 저버렸다. 나는 군인 대장이나 뭐 아무튼 좀 폼 나는 일을 하고 싶었는데 중학교 때 적성검사 결과는 뜻밖에 종교인이었다. 공부가 전교 1등인 나더러 장군이나 장관도 아니고 겨우 무슨 중이나 예수쟁이가 되란 말이냐? 호칭이 좀 뭐한가? 그땐 정말 그랬다. 조선시대의 유습인지 모르겠다. 아무튼 스님을 약간 천시하는 분위기가 적어도 우리 고향에는 있었다.

교회 다니는 사람이 드물기도 했지만 교회 다니는 것을 좀 쉬쉬하는 분위기도 정말 있었다. 깔끔하게 머리를 빗어넘기고 성경책을 든 목사도 어딘지 별세계에서나 온 사람처럼 비밀스럽고 허황돼 보일 뿐 어린 내 눈에 들어오지 않았다.

그랬던 시절 나의 적성이 종교인이라니 실망이 큰 것은 당연했다. 뭔가 잘못된 것이 틀림없다고 생각했다. 다음에는 달라지겠지 했다. 고등학교 때도 적성검사가 있었다. 기대했으나 나에게 나타난 몇 가지 적성 중에는 역시 종교인에 이어 이젠 비서까지 끼어 있었다. 나더러 남의 밑에서 아부나 하는 비서가 되란 말인가? 이렇게 실망만 했다. 나뿐만은 아닐 것이다. IQ나 적성이 자신의 기대 혹은 희망과 일치하지 않으면 기분이 나쁘고 그래서 검사 자체가 틀린 것이라고 생각하고 싶을 것이다. 그러나 그렇지 않다. 자기 희망일 뿐인, 그래서 지극히 주관적일 수 있는 '하고 싶은 일'과 현실인 '잘 할 수 있는 일'을 착각하는 것일 뿐이다.

나는 대학 3학년 때 고시 공부한다고 강원도 철암에 있는 홍복사에서 한 달 간 산 적이 있다. 당시만 해도 석탄 생산이 한창일 때라 절은 꽤 붐볐고 어떤 때는 제사를 지내고 난 후 먹을 것이 너무 많아 버려야 할 정도였다. 아무튼 고기와 술만 제외하고는 지천이었다. 그리고 그곳 홍복사가 당시에는 전국의 큰스님들이 오셔서 며칠 쉬어가는 마치 휴양소 같은 역할도 했는데 큰 스님들께 큰절 한 번 드리고 나면 인자한 미소로 대해주시며 "학생들 먹어" 하고 이것저것 먹을 것도 챙겨주셨다. 그러던 어느 날 나중에 총무원장까지 지내신 경주 불국사의 주지스님이란 키 크고 잘 생긴 분이 "학생, 서울대학 다니고 공부 열심히 하는 걸 보니 중 되면 잘하겠어" 하셨다. 큰 스님이 나에게서 종교인의 소질이 보신 것이리라.

큰 절의 주지스님다운 위엄과 인자한 미소도 풋내기인 나의 존경심을 불러일으키는 것은 물론이었다. 더구나 부산이나 대구 등지에서 왔다는 귀부인 차림의 여성 신도들은 큰스님을 하루 종일 졸졸 따라다니고 평소 홍복사 주지스님과는 말을 트고 지내던 그 동네 제일 부자 한의원 사모님도 큰스님 앞에서는 오금을 펴지 못했다. 스님이라는 직업이 대단한 직업이구나! 구미가 당겼다. 함께 공부하러 간 친구와 내가 "우리 고시 못 붙으면 중이나 되자" 할 정도였다.

공군 2사관학교 교관 시절에는 봉급날마다 지금은 남원에 계시

145

는 권이복 군종 신부님이 사주시는 생선회 먹는 맛에 카톨릭 신자가 되었는데 신부님을 모시고 수녀원 미사에 갈 때마다 원장 수녀님은 "김 중위가 신부님 되면 정말 잘하겠다"고 하셨다. 맛깔스런 보신탕까지 끓여주시면서 나더러 신부 되라고 조르기까지 하셨다. 선녀같은 원장 수녀님의 권유로 그때 정말 신학교 갈 뻔했다. 원장 수녀님도 적성검사와 마찬가지로 나에게서 종교인의 소질을 보신 모양이었다. 적성검사가 옳았다는 얘기다.

지금 생각해보면 나에게 비서의 소질도 아주 많은 것 같다. 앞에 서서 지도력을 발휘하기보단 비서 혹은 참모로서 리더에게 좋은 조언을 하는 것이 내가 잘할 수 있는 일이었을 것이라는 생각이 든다. 이렇듯 막연히 자신이 좋아하는 일이 아닌 자신이 잘 하는 일을 찾으려면 과학적 방법의 검사를 받아보는 것이 물론 좋다. 대표적인 적성검사 방법으로 홀랜드 직업적성검사라는 것이 있다. 어떤 사람의 활동 흥미, 직업 흥미, 유능감, 성격 이 네 가지 영역의 질문을 '예/아니오' 형식으로 답하게 하여 이를 기초로 그 사람의 직업적 성격유형(현실형 R, 탐구형 I, 예술형 A, 사회형 S, 기업형 E, 관습형 C의 6가지)을 찾아낸다는 것이다.

이 직업적 성격유형에 따라 그 사람에게 적합한 직업을 찾을 수 있다는 것이 이 홀랜드 직업적성검사다. 가령 활동 흥미 영역(60

문항)에서는 '동물이나 식물의 살아가는 모습을 꾸준히 관찰하고 연구하는 것이 좋다' 라는 문항에 '예/아니오' 로 답하고, 직업 흥미 영역(72문항)에서는 '시인이 하는 일이 좋은가' 라는 질문에 역시 '예/아니오' 로 답한다. 또 유능감 영역(66문항)에서는 가령 '그림을 잘 그린다' 에 대해 '예/아니오' 로 답하게 하고 마지막으로 성격 영역(60문항)에서는 내 성격은 '조용하고 생각이 많은 편이다' 에 역시 '예/아니오' 로 답하게 한다. 그 다음 이 대답을 기초로 그 사람의 직업적 성격 영역을 골라 각각의 유형에 맞는 직업을 추천하는 식이다. 가령 '말이 적고 운동을 좋아하며 소박하고 솔직함' 등을 특성으로 하는 R형(현실형)은 항공기 정비사, 제과제빵사, 응급구조사 등의 직업을 가지면 좋고 '지도력 설득력이 있고 열성적, 경쟁적이며 야심이 있는' E형(기업형)은 검사, 방송기자, 연예인 매니져 등의 직업에 적합하다는 식이다. 이 홀랜드 직업적성검사는 2차 대전을 배경으로 어떤 사람이 어떤 직무에 적합한지를 알고 각자의 성격에 적합한 직무를 갖도록 하면 좋겠다는 생각으로 만들어진 적성검사 방법이다. 이 검사를 통해서 자신이 어떤 성격 군에 속하고 어떤 직업을 선택하도록 추천받는지를 알아볼 수 있다. 한 번쯤은 전문가의 상담을 받아보는 것도 좋은 참고가 될 것이다.

MBTI 검사를 받고 상담해 보는 것도 좋다. 이 MBTI 유형은 네 가지 선호지표로 이루어져 있는데 첫째로 외향성과 내향성의 E-I 지표, 주변의 환경으로부터 어떻게 정보를 수집하고 인식하는가에 따라 감각형과 직관형의 S-N지표, 수집한 정보를 어떻게 판단하고 처리하는가에 따라 사고형과 감정형의 T-F지표, 인식하고 판단하는 것이 생활양식에 어떻게 나타나는가에 따라 판단형과 인식형의 J-P지표로 이루어져 있다. 여기서 EI, SN, TF, JP의 네가지 각각에서 둘 중 하나를 선택하여 가령 ESTJ식으로 늘어놓는 경우의 수는 2의 네제곱으로 16가지의 성격유형이 나올 수 있다. 이 검사는 검사를 받는 사람의 재능을 측정하는 것이 아니고 그 사람의 성격 특성을 알기 위한 것이다. IQ 테스트, 홀랜드 검사, MBTI 성격유형검사가 1020들이 자신의 진짜 모습을 알고 그것을 기초로 직업적 진로를 결정하는 데 좋은 참고가 될 수 있다. 그렇다고 참고 하라는 말이지 맹신하라는 말은 물론 아니다. 가령 성적과 IQ 수치가 정비례하는 것은 아니지만 대개는 공부를 열심히 하는 사람의 IQ가 높게 나온다. 자신이 타고난 IQ보단 오히려 후천적인 요인이 작용한 결과가 나올 수 있다는 말이다. 성격검사의 경우도 검사 항목에 답을 하면서도 실은 선택지 중 자신이 어떤 답을 하면 어떤 결과가 나오리라는 것을 다들 예측할 수 있지 않은가. 한

때 EQ가 유행한 적이 있었는데 나도 직장 연수인가를 가서 이 EQ 검사를 받은 적이 있다. 무슨 전문가라는 사람이 와서 EQ의 중요성을 한참 떠들기에 엄숙하게 받아들였는데 막상 질문지를 받아보니 질문자가 의도한 정답을 전부 알 수 있었다. 완벽한 감성의 소유자가 될 100점짜리 답이 훤히 보였단 말이다. '이런 걸 검사라고 하나?' 하면서 나는 일부러 정답을 고르지 않고 내 마음 속 깊이 내재해 있는 진짜 생각을 답으로 써 보았더니 아니나 다를까 EQ 최하점! 한마디로 피도 눈물도 없는 비정한 인간이 되어 있었다. 소이부답笑而不答이었지만 성격이나 적성검사에도 이런 맹점이 있을 수 있다는 말이다.

전문가와 상담할 때도 물론 주의가 필요하다. 시중에는 꽃보살 점쟁이 수준의 어중이떠중이 자칭 전문가들이 너무나 많다는 것을 염두에 두어야 한다. 세상에 나와 해본 일이라고는 주민센터 강습 수준의 적성검사, 성격검사, 명리공부 정도 한 사람이거나, 잘 해봐야 엉덩짝 무거운 것으로 대학에서 박사학위 하나 받고 대학교 강의나 해 본 것이 전부인 사람이 복잡한 사람의 성격을 어떻게 분석해 낼 수 있으며 세상 속 갖가지 직업과 직무의 세계를 어찌 알겠는가. 책상 위에서 단지 머릿속 상상으로 직업과 직무의 세계를 논하며 젊은 사람들에게 진로를 조언한다고? 범죄가 따로

149

없다. 서울 바닥에는 이런 점쟁이 무당 수준의 진로 지도가 태반이다. 그러니 상담자의 과거 경력을 반드시 참고해야 한다. 전문가와 동시에 부모님이나 믿을 만한 집안 어른과도 진지하게 상의해야 한다. 아무리 무식해도 부모는 자식의 장래에 대해서만은 세상에서 제일 현명한 사람이라는 것을 명심해야 한다.

이렇게 자신의 부모와 자기 자신을 냉정하게 관찰하고 IQ검사, 적성검사, 성격 검사 등 과학적이고 객관적인 검사를 해 보면 어느 정도 자신이 가질 혹은 가지면 좋을 대여섯 가지 직업들이 나타날 것이다. 이들 대여섯 가지 직업을 가지고 이들 직업들이 자신에게 얼마나 매력적인지를 분석하는 것이 그 다음 단계다.

어떤 직업이 얼마나 매력적인가?

사람이 돈, 권력, 명예 이 세 가지로 산다면 당연히 이 세 가지를 많이 얻을 수 있는 직업을 택하는 것이 합리적일 것이다. 어떤 사람이 앞에서 말한 과정을 거쳐 교사나 공무원, 회사원, 의사나 변호사, 연예인이나 스포츠 선수, 농부, 사업가 이 여섯 가지 직업이 자신이 잘할 수 있는 일로 떠올랐다고 하자. 물론 실제로는 이보다 훨씬 더 구체적인 직업, 가령 수학교사, 회계직 공무원, 제빵사, 기계조립공 식으로 떠오를 것이다. 그렇지만 어떤 직업이 얼마나 매력적인지를 쉽게 설명하기 위해서 1020들에게 가장 친숙하다고 생각되는 직업들을 뽑아 보았다.

먼저 이들 직업을 가지면 얼마만큼의 돈을 버는지부터 보자.

가령 의사가 공무원보다 두 배의 소득을 올리고 두 배 긴 기간 동안 일할 수 있다면 의사는 공무원보다 네 배의 돈을 벌 수 있는 직업이라고 할 수 있을 것이다. 스포츠 선수가 공무원보다 두 배의 소득을 올릴 수 있지만 운동선수라는 직업의 수명이 짧아 공무원이 일하는 기간의 반 밖에 일할 수 없다면 이 두 직업의 평생소득은 같을 것이다.

그 다음 직업의 평생소득을 가정해보면 다음 그림의 갈색 막대 그래프처럼 그릴 수 있다. 교사를 포함한 공무원, 회사원, 의사나 변호사 같은 전문직, 연예인이나 스포츠 선수, 농부, 사업가 등을 예로 들었다. 이들 직사각형의 밑변의 길이를 그 직업의 소득, 그리고 직사각형의 높이를 일 할 수 있는 기간이라고 해보면 직사각형의 면적이 그 직업을 가진 사람의 평생소득이라고 할 수 있을 것이다.

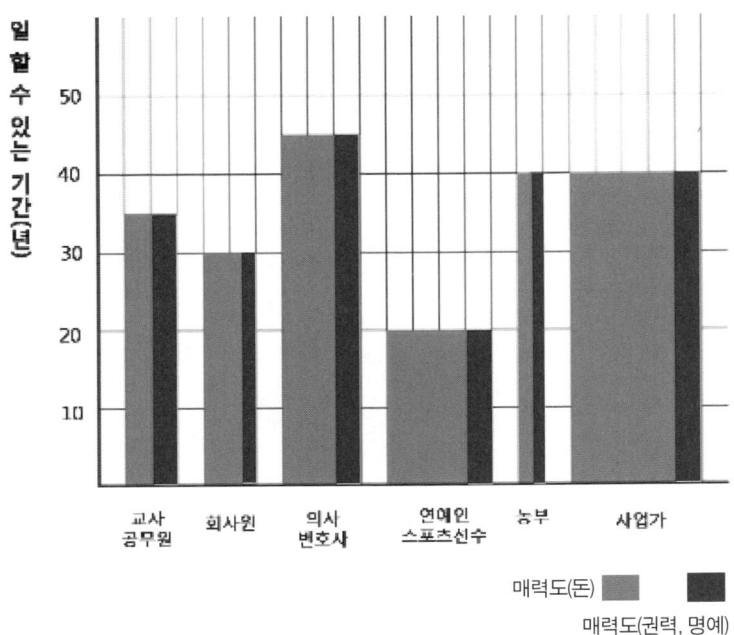

그래프에서는 교사나 공무원의 소득을 1이라고 할 때 회사원은 약 1.5, 의사나 변호사는 2, 연예인이나 스포츠 선수는 3, 농부는 0.5, 사업가는 4 정도가 될 것으로 가정해서 밑변의 크기로 했다.

그리고 그 직업에 종사할 수 있는 기간은 교사나 공무원이 약 35년, 그리고 그 직업에 종사할 수 있는 기간은 교사나 공무원이 약 35년, 회사원 30년, 의사나 변호사 45년, 연예인이나 스포츠선수

20년, 농부와 사업가는 각각 40년으로 가정해서 높이로 했다. 각 직업의 밑변과 높이를 곱해 면적을 구해보면 그 값 즉 교사나 공무원 35, 회사원 45, 의사나 변호사 90, 연예인이나 스포츠 선수 60, 농부 20, 사업가 160이 각각의 직업마다 일생 총소득이 될 것이다. 그렇다고 어떤 직업의 매력 정도가 그 직업을 통해서 얻을 수 있는 소득만으로 결정되는 것은 물론 아니다. '사농공상'의 나라 대한민국에서는 특히 그렇다. 그래서 이 평생소득으로부터 나오는 매력의 정도와 각각의 직업을 통해서 얻을 수 있는 권력과 명예의 매력 정도를 합해야 그 직업의 총 매력도가 나올 것이다. 권력과 명예에서 얻는 매력의 정도가 소득에서 얻는 매력의 몇 배 정도인지를 추정하여 이 둘을 합해주면 그 직업이 가지는 총 매력도가 나올 것이다.

가령 교사나 공무원의 권력과 명예를 합한 매력도 수치가 교사나 공무원의 소득과 같은 정도라면 밑변의 길이를 소득과 같게 앞 그래프의 주황색 막대그래프처럼 1 더 늘려 교사나 공무원이라는 직업의 총 매력도는 갈색과 주황색 막대그래프가 만드는 직사각형 전체 면적 2 × 35 = 70으로 볼 수 있을 것이다.

회사원이라는 직업이 가지는 권력과 명예의 매력도가 회사원이 받는 소득의 매력도의 약 1/3 정도라고 생각되면 소득이 주는 매력도가 1.5이므로 이 1.5의 1/3은 0.5이고 이것을 원래 밑변의 길이 1.5에 더하면 밑변의 총 길이는 2가 되어 회사원이라는 직업의 총 매력도는 2×30해서 60, 같은 방법으로 의사나 변호사의 권력 및 명예의 매력도는 소득의 1/2배 정도로 봐서 총 매력도는 135, 연예인이나 스포츠 선수의 경우 소득의 1/3해서 총 매력도는 80, 농부는 소득이 주는 매력도와 같은 정도 즉 0.5로 보아 밑변의 총 길이는 1이 되고 총 매력도는 40, 사업가는 1/4배로 보아 총 매력도는 200이 될 것이다. 이런 식으로 자신에게 떠오른 대여섯 가지 직업의 총 매력도를 구해 볼 수 있을 것이다. 세상의 그 많은 직업에 대해 돈과 권력과 명예를 다 판단할 수 없는 것은 당연하지만 자신이 할 수 있는 모든 정보 수집 채널 특히 부모님이나 주위의 지인 그리고 전문가들의 조언을 다각도로 들어야 한다. 자신이 평생을 몸 던질 직업을 찾는 일보다 더 중요한 일은 없다.

내가 잘하면서 돈, 권력, 명예를 얻을 수 있는 일을 찾아라

1020 젊은이들은 우선 자신이 잘 할 수 있고 그것을 통해서 돈과

권력과 명예를 얻을 수 있는 그러니까 적성에 맞고 매력도가 높은 일을 찾아야 한다. 직업산책, 자신과 부모 관찰 그리고 IQ검사, 적성검사, 성격검사를 통해서 떠오른 자신이 잘할 수 있는 일들이 하나 같이 매력도까지 높아 돈, 권력, 명예가 따라온다면 물론 좋겠지만 세상 일이 어디 그리 호락호락한가. 오히려 그 반대의 경우가 더 일반적일 것이다. 그러므로 이 두 가지 기준 다시 말해 자신이 잘할 수 있는 정도와 그 일의 매력도를 잘 조화시켜 자신이 평생을 바쳐 일할 직업을 선택해야 할 것이다.

이 모든 과정을 거쳐 회사원, 농부, 교사나 공무원, 의사 또는 변호사, 연예인 혹은 스포츠 선수, 사업가를 1위부터 6위까지 제일 잘할 수 있는 직업으로 뽑았다고 가정하자. 물론 실제 경우에는 이 여섯 가지처럼 너무나 포괄적 직업으로 나타나지 않고 가령 영화감독, 오지여행가, 요리사, 바리스타, 한의사, 사회사업가 등 훨씬 더 구체적인 직업으로 나타나겠지만 설명의 편의를 위해서라는 것은 앞에서 말한 것과 같다. 이 대목에서 1020 젊은이들은 앞의 '갈림길을 만나면 묵상도 해보자'에서 했던 얘기들을 상기할 필요가 있다. 가령 교사와 의사와 변호사는 현재 자신의 성적으로 보면 너무나 난이도가 높다고 생각하면 이 단계에서 제외하는 것이 좋다.

또 스포츠 선수가 대표적인 슈퍼스타 현상이 적용되어 웬만큼 잘 해봐야 밥먹고 살기도 힘든 직업이라고 생각되면 역시 이 단계에서 제외하자. 가령 교사와 의사와 변호사는 현재 자신의 성적으로 보면 너무나 난이도가 높다고 생각하면 이 단계에서 제외하는 것이 좋다.

또 스포츠 선수가 대표적인 슈퍼스타 현상이 적용되어 웬만큼 잘 해봐야 밥 먹고 살기도 힘든 직업이라고 생각되면 역시 이 단계에서 제외하자. 또 한가지, 이 단계에서 또 한 번 자기 자신을 알지 않으면 안된다. 가령 가정 형편이 어려운데 돈과는 거리가 먼 시나 소설을 쓰겠다든지 레슨비가 장난이 아닌 무슨 예술을 하겠다든지 하는 것은 갈림길에서의 다섯가지 이정표 중 돈, 권력, 명예, 위험도, 난이도 모든 면에서 현실적인 선택은 아니다. 선택지에서 과감히 지워라. 이들 외에도 여러 가지 제의 요인이 있을 것이다. 우리의 예에서는 이제 다섯 가지 직업만 남게 되었다. 이 경우 남은 다섯 가지 직업을 자신이 잘 할 수 있다고 생각되는 순서대로 늘어놓아 각각의 직업에 1~5스케일로 점수를 주어보자. 가령 제일 잘 할 수 있다고 생각되는 회사원에 5점, 그 다음 농부에 4점, 공무원에 3점, 연예인에 2점, 사업가에 1점을 주는 식으로 말이다.

여기서 점수를 주는데 제약은 없다. 최고점이나 최하점을 꼭 5나 1로 하지 않아도 무방하다. 가령 순서대로 4, 3, 3, 2, 2 식으로 동점을 주어도 된다.

그런 다음 그 직업의 매력도, 그러니까 그 직업이 가져다 줄 소득과, 여기에 더해 권력과 명예라는 추가적인 매력까지 더한 총점을 매긴 다음 역시 같은 방법으로 매력도에도 1에서 5까지의 순서대로 점수를 주자.

앞의 예에서 매력도가 제일 높은 사업가에 최고점인 5점을 주고 그 다음 연예인에 4점, 공무원에 3점, 회사원에 2점, 농부에 제일 낮은 점수인 1점을 주자. 여기서도 점수를 주는 데는 큰 제약은 없다. 매력도가 제일 높은 직업에 5점을 주고 순서대로 4, 3, 2, 1점을 주어도 좋고 잘할 수 있는 정도나 매력도가 비슷한 경우에는 같은 점수를 주어도 된다.

이렇게 자신이 잘할 수 있는 것으로 떠오른 다섯 가지 직업을 자기가 잘할 수 있는 순서대로 표의 세로축에 집어넣고 가로축에는 두 가지 선택기준인 적성과 매력도를 집어넣은 표를 만든다. 그리고 나서 각 직업에 앞에서 매긴 점수 1부터 5로 표의 칸을 메꾸어 간다. 이 시점에서 한 가지 추가할 것이 있다. 적성과 매력도라는 두 가지 판단 기준을 상대적으로 얼마나 중요시하느냐에 따라 각각의 가중치를 매겨야 한다.

가령 전체 가중치 100퍼센트 중 매력도에 70퍼센트의 가중치를 주고 적성에 30퍼센트를 줄 수 있을 것이다. 물론 이 가중치는 사람마다 자신이 처한 환경에 따라 다를 수밖에 없음은 물론이다.

집안 형편상 돈벌이가 우선인 사람이라면 매력도의 가중치를 크게 하고, 당장의 돈, 명예, 권력도 좋지만 자신이 제일 잘하는 일을 평생 계속 해 나가면 결국 나중엔 더 큰 돈과 권력과 명예를 얻을 것이라는 생각하는 사람은 적성의 가중치를 높여야 할 것이다. 어느 것도 선악의 문제는 아니다. 자신의 선택이면 그것이 옳은 것이다. 아무튼 여기서는 적성에 70퍼센트, 매력도에 30퍼센트의 가중치를 주고 이 가중치를 감안한 각 직업별 총점을 계산해보자.

직업＼선택기준	적성(70%)	매력도(30%)	총점	순위
회사원	5	2	4.2	1
농부	4	1	3.2	3
공무원	3	3	3.3	2
연예인	2	4	3.0	4
사업가	1	5	2.7	5

```
회사원 : 5 × 0.7 + 2 × 0.4 = 4.3
농  부 : 4 × 0.7 + 1 × 0.4 = 3.2
공무원 : 3 × 0.7 + 3 × 0.4 = 3.3
연예인 : 2 × 0.7 + 4 × 0.4 = 3.0
사업가 : 1 × 0.7 + 5 × 0.4 = 2.7
```

좀 뜻밖이지 않은가? 회사원이 1등이라. 그리고 직장인들이 끄 덕하면 들먹이는 '사업이나 해?' 하는 사업가가 꼴찌라? 대학생 희망 1위라는 공무원이 2등인데 그것도 1등 회사원과 점수 차가 많이 나는 2등이라? 물론 가중치를 어떻게 주느냐에 따라 달라지 는 것이지만 어떻게 해도 상당히 의외의 결과가 나오는 경우가 많다.

바로 그거다. 과학과 이성적인 논리로 생각하느냐 아니면 막연 한 감상으로 생각하느냐의 차이다. '생계를 유지하는' 다시 말해 자신의 생존과 자손 번식의 문제는 막연한 감상을 넘어 결국 이렇 게 과학적이고 논리적으로 생각해야 하는 이유다.

우리나라 1020들에게는
세 가지 기준이 더 있다

어떤 1020이 세상 직업의 숲을 산책해보고 자신과 부모를 깊은 묵상을 통해서 관찰했다면, 그리고 IQ테스트, 적성검사, 성격검사도 해 보아 마침내 자신에게 적합한 직업들을 발견했다면, 그리고 이 직업들 중 난이도가 너무 크다거나 리스크가 너무 크다거나 아니면 가정형편상 등의 이유로 몇 가지 직업을 빼버리고 나면 실제로 자신이 선택할 수 있는 직업들만 남을 것이다.

그 다음은 이 몇 가지 직업들 중에서 자신의 적성 즉 잘할 수 있는 정도와 매력도를 감안한 자신에게 제일 적합한 직업을 찾으면 될 것이다. 그렇지만 여기서 우리나라라는 단어에 주목해야 한다. 우리나라는 아직 '사농공상'이 건재한 나라이다. 아직이 아니다. 조선 후기 실학자들을 시발로 자본주의 자유시장 경제를 이 땅에 들여온 이승만이 이놈의 '사농공상'을 끊어버리려 했다. 그렇지만 조선시대 이래 말로 먹고살던 '사'자들이 일제의 식민지배를 받고도 정신 못차리고 그 버릇 개 줄 리가 있는가. 드디어 보다 못한 박정희가 나타나 5,000년 '사농공상' 체제를 깨고 '그래, 나 무식한 군인이다. 어쩔래? 잘난 사士자 놈들 주둥이 이리 가져와. 그

입에 밥을 쳐 넣어줄게!' 하며 그때까지 천대받던 농사꾼, 공돌이, 장사치들을 역사의 전면에 내세운 것 아닌가. 농업혁명으로 쌀을 자급하고, 미국에서 공부한 젊은 공돌이며 과학자들을 대통령 자신의 봉급보다 높은 봉급을 주어서 데려오고, 이병철이니 정주영이니 김우중 이런 사람들을 현대판 이순신으로 추켜 세웠다. 또 기능경기대회에 입상한 젊은 기능공들을 현대판 장영실로 떠받들며 서울 시내 카퍼레이드까지 열었다. 5,000년 역사상 처음이었다. 이렇게 지금까지 주눅들었던 농민, 공돌이, 장사치들 '농공상'이 살판이 나게 하며 몇 천 년 면면히 내려온 '사농공상'을 깨벌렸다. 나라가 융성하지 않으면 이상했다. 세계 1등이 되는 것은 단지 시간문제일 뿐이었다. 그러다가 박정희가 죽자 다시 찌질한 인간들이 국민의 이름으로 그놈의 '사농공상'을 부활시킨 것이다. 병이 오히려 도져버렸다. 그래서 공돌이나 장사치는 아무리 성공해도 정치인을 비롯한 고위간료, 판검사 등 소위 '사' 자들 앞에서 오금이라도 폈다간 언젠가 한 번은 당한다. '너희 천한 것들이 돈 좀 벌었단 말이지? 그래, 세금으로 좀 걷어볼까? 아니면 감옥 가서 한 몇 년 썩어볼래?' 하는 식이다. 심한 소리라고? 천만에. 당장 지금 TV를 틀어보라. 아니 롯데가 황제경영을 하던, 비밀경영을 하던, 부자지간에 싸움을 하던, 일본자본이건, 순환출자를 하던, 총수의 부인이 세종대왕처럼 18명이건 그게 무슨 상관인가? 그렇게해서 우리나라에서 큰 기업 만들어 5만명을 고용하고 GDP 를 높이면 그것이 좋은 경영 아닌가. 그 사람이 현대판 이순신이 지 무슨 말들이 그렇게 많은가. 국회, 정부, 언론, 참새들 다 나서 서 이 천한 '상' 자를 능멸하고 있다. 전형적인 '사' 자들의 갑질이 다! 그래! 일자리 창출 잘도 되겠다! 자유시장경제 잘도 돌아가겠 다! 경제성장 잘도 되겠다! 모두 '사농공상' 우리나라에서나 가능 한 얘기다.

세상천지가 이러하니 우리나라에서 남의 업신여김을 받지 않고 살려면 적어도 넓은 의미의 대졸 '사' 가 되어야 한다는 것은 말할 것도 없다. 지금까지 해온 자신의 IQ, 적성, 성격 그리고 그 직업 의 매력도 등 과학적 · 객관적 기준으로 자신이 평생을 바칠 직업 을 선택하되 그 직업 중에서도 우선 대졸 '사' 자가 하는 분야를 선 택해야 한다는 말이다. 가령 같은 기술자라도 엔지니어나 과학자 가 되어야지 현장의 기능인이 되어서는 평생 변두리 인생을 살게 된다는 말이다. 중학교 졸업 때 쯤 대학에 진학할 학생과 직업학 교에 가서 기술을 배울 학생을 가른다는 유럽 어느 나라와 전공이 며 배관공 등 현장기술자들이 '사' 자 계급장 박사가진 대학교수 보다 더 돈 잘벌고 당당한 미국과 우리나라는 형편이 전혀 다르다. 평생 시계나 구두를 만들면서도 돈 잘 벌고 즐겁게 잘 살고 있는 유럽과 넥타이를 메고 다녀야 사람 취급하는 우리나라는 달라도 많이 다르다는 말이다. 가령 어떤 학생이 홀랜드 직업적성검사 결과 기계조립공에 적합하다고 하자. 우리나라 1020이나 부모 중중 누가 기계 조립공 즉 '공'을 선택하겠는가. 대신 기계 관련 박사가 되어 교수, 즉 '사'가 되기를 선택할 것이다. 우리나라에서는 응당 그래야 한다는 말이다. 역으로 말하면 우리나라에서는 무조건 공부를 잘해야 한다는 말이다. 성적이 안 나오면? 공부를 더 하면 된다. 재수를 하건 삼수를 하건 우선 성적을 올려야 한다. 성적제일주의의 병폐 따위를 역설하며 열내봐야 아무런 도움도 안 된다. 그것이 '아! 우리 조국 대한민국'인데 어쩔 것인가.

또 있다. 우리나라에서는 사람들이 지역, 종교, 학교, 그 외에도 수많은 여러 평계로 끼리끼리 모인다. 그리고 내 편이 아니면 적이다. 미국은 전체 인구의 20퍼센트도 못되는 흑인이 대통령이 되었는데 우리나라에서는 피부색이 같아도 호남 사람은 대통령 못 된다. 김대중도 충청도 사람 김종필과 손 잡아서 겨우 대통령이 된 것이지 그렇지 않았더라면 어림도 없었을 것이다. 같은 지역이나 학교 출신을 주요 포스트에 임명하는 것이야 어느 정도 이해한다지만 한 때는 대통령을 배출했다는 어느 교회 목사들까지 엄청

폼 잡고 다녔다.

　사정이 이러하니 끼리끼리 네트워크의 나라 우리나라 1020 젊은이가 직업을 선택할 때 고려해야 할 기준 두 가지가 더 있다.

　자신이 속하는 여러 무리 속에서 좋은 것이 좋다며 계속해서 네트워크를 유지할 수 있는 원만한 성격이냐, 아니면 뜻있고 성깔 있어서 그 따위 끼리끼리 무리는 거들떠보지도 않겠다는 사람이냐에 따라 직업 선택도 달라야 한다. 좀 에둘러 '외향성 : 내향성' 그리고 '독립적 : 협조적' 이라는 두 가지 요소가 그 것이다. 우리나라 1020 젊은이들이 직업을 선택할 때는 앞에서 살펴본 적성 그리고 매력도가 기준이 된 직업 선택에 더해 '성적', '외향성 : 내향성', '독립적 : 협조적' 의 세 가지를 더 고려하여야 한다는 말이다. 결론적으로 말하면 적성과 매력도의 기준으로 떠오른 직업 중 일단 학교 성적이 이 계통의 주류를 이루고 있는 출신대학에, 가령 축산이면 건국대식으로 들어갈 수 있을 만큼 좋으면 '사' 직업을 선택하고 그렇지 못하면 '농공상' 을 선택하되 자신의 성격특성이 외향적인지 아니면 내향적인지, 또 주위 사람과 협력적인지 아니면 독립적인지에 따라 더 구체적으로 자신이 평생 일할 직업을 정하여야 한다는 말이다.

　가령 '적성' 과 '매력도' 로 정한 자신의 직업이 의료인이라고 가정하고 우리나라 젊은이기에 추가로 고려해야하는 세 가지 기준 즉 성적, 외향성, 협조성을 감안하여 최종적으로 자신이 선택할 직업을 찾아보자. 만약 이 학생이 의과대학을 갈 수 있을 정도로 성적이 좋다면 수많은 의료 관련 직업 중 당연히 '사' 중 대표 격인 의사를 자신의 직업으로 선택해야 할 것이다. 그 다음 수순은 이 사람이 외향적인 성격인지 아니면 내향적인지, 또 남들과 협조적인지 독립적인지를 판단하여 더 구체적으로 어떤 의사가 되는 것이 좋은지를 결정해보자.

다음 그림에서 의사가 될 만큼 성적이 꽤 좋은 경우 공부 잘하는 정도를 나타내는 X축을 따라 오른쪽 거의 끝부분까지 온 다음, 동시에 다른 사람과 협조에 능하지 못한 독립적 성격이라면 Z축의 뒤쪽(-방향)으로 화살표를, 그리고 그 다음 내향적 성격이라면 다시 Y축의 아래쪽(-방향)으로 가서 A점에 도달할 것이다. 즉 이런 사람은 의사 중에서도 창업을 하기보다는 대학병원의 연구교수가 되면 좋겠다는 식이다. 같은 방법으로 독립적이면서 외향적이라면 자신의 병원을 창업하여 D점의 개업의가 되면 많은 돈을 벌 수 있을 것이다. 한편, 협조적이고 내향적이라면 C점의 대학병원이나 큰 병원 소속의가 되고, 협조적이고 외향적이라면 B점의 강의 교수가 좋을 것이다.

한 가지 예를 더 들어보자. 어떤 사람에게 적당한 직업이 원예종 사자라고 해보자. 이 사람의 성적이 서울대학교나 다른 원예로 유명한 그래서 우리나라 원예산업을 끼리끼리 쥐락 펴락하는 대학교 원예과를 들어갈 수 있을 만큼 좋지 않다면 '사' 따위야 일찌감치 버리고 우선 X 축의 왼쪽으로 가서 '외향적 : 내향적' 의 기준으로 외향적이고 '독립적 : 협조적' 의 기준으로 독립적이라면 E점에 도착하여 고향 부모의 몇 마지기 안 되는 논을 이어받아 자기 수목원을 한번 크게 만드는 창업을 해보면 어떨까?

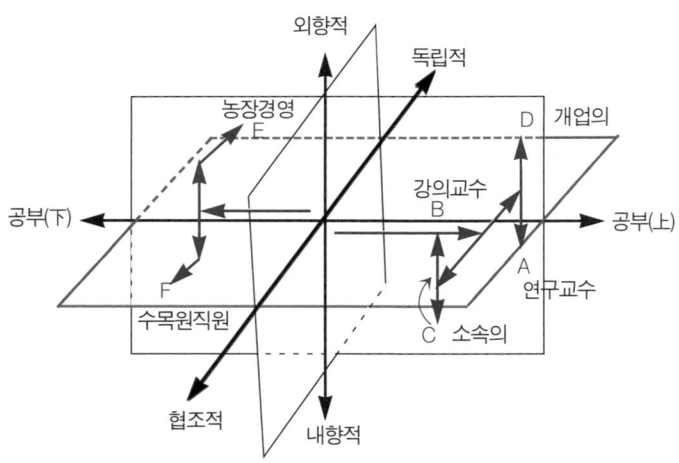

- 우리나라 1020들의 세 가지 기준 -

166

도시의 대졸 '사' 샐러리맨보다 훨씬 많은 돈과 명예를 얻을 수 있을 것이다. 한편 내향적이면서 협조적인 사람이라면 F점에 도착하게 될 것이다. 이런 사람은 성격에도 맞지 않게 수목원을 창업하는 것보다 큰 수목원의 봉급쟁이 직원으로 사는 것이 행복할 것이다. 이런 식으로 자신의 성적과 두 가지 성격요소를 감안하여 어떤 직업을 가질 것인지를 정하면 된다. 물론 이 두 가지 예는 문자 그대로 예일 뿐 절대적인 것이 아니다. 이렇게 좀 체계적으로 생각하는 습관을 들이자는 말이다. 이 모든 과정을 진지하게 거쳤다면 결과는 거의 90퍼센트 옳다고 봐도 된다. 이런 식으로 몇 번을 반복하면서 깊은 명상에도 잠겨보면 정말로 자신에게 가장 적합한 직업을 찾을 수 있을 것이다. 그것으로 오케이다.

갈 길을 찾았다면 지금 당장 가던 길을 바꿔 가라

지금부터가 시작이다!

병역 때문에 남녀가 한 2년 차이야 있겠지만 일반적으로 대학을 졸업하고 취업하려면 스물일곱 아니면 서른, 많아야 서른 서넛쯤 될 것이다. 아직 취직을 못 했거나 안 했거나, 직장을 얻었다 해도 한 번 뿐인 자신의 전 생애를 통째로 던질 새로운 직업을 찾았다면 이젠 어떻게 해야 하나. 우선 2015년 서른 살인 젊은이는 앞으로 얼마나 더 사는 지 보자. 지금 몇 살인 사람이 앞으로 살 날이 얼마나 남아 있는지를 기대여명이라고 하는데 우리나라 사람들의 기대여명은 통계청 홈페이지에 들어가 언제라도 볼 수 있다.

다음 표와 그래프는 서른 살인 사람의 기대 여명을 표시하고 있다. 1970년에 서른 살인 사람은 기대여명이 39년 그러니까 69세까

168

지 살 수 있었지만 2010년에 서른 살인 사람은 52년을 더 살아 82세까지 산다고 기대되고 있다. 1970년부터 2010년까지 40년 간 13년 증가했다.

년도	1970	1975	1980	1985	1990	1995	2000	2005	2010
기대여명	39	40	40	42	44	45	47	50	52

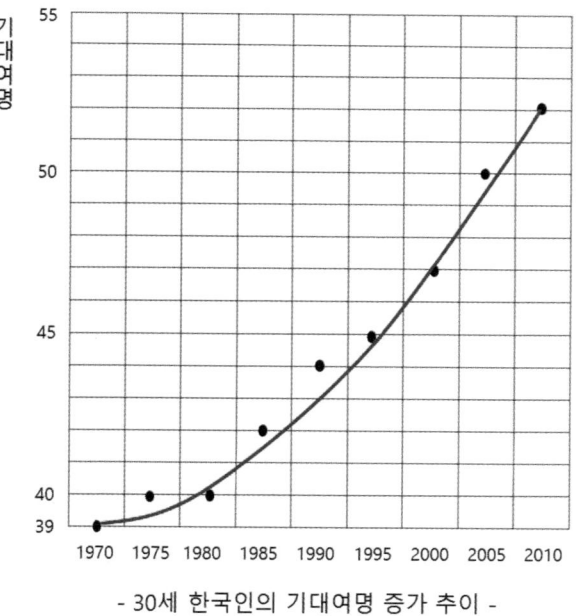

- 30세 한국인의 기대여명 증가 추이 -

통계청의 기대여명표를 그래프로 그려보았다. 우상향 S형 곡선으로 시간이 갈수록 그래프 접선의 기울기가 커지고 있지 않는가.

169

기대 여명의 증가속도가 점점 빨라진다는 말이다. 이 추세라면 지금 서른 살은 84세까지 산다고 기대되고 지금 스무 살인 1020 젊은이는 틀림없이 90살 이상 살 것이다. 지금의 20~30대는 취업을 하건 창업을 하건 앞으로 적어도 60~70년을 일 한다는 말이다.

지금까지 탐색해본 자신에게 적합한 직업으로의 새로운 출발을 위해 몇 년 준비기간이 필요하다고 해도 긴 인생에서 보면 그까짓 것 아무것도 아니다. 스물을 살았건 서른을 살았건 서른다섯을 살았건 이제 시작이란 말이다.

갈 길을 찾았다면 지금 당장 가던 길을 바꿔 가라!

아무리 지금부터가 시작이라고 하지만 흡족하지 않은 목표나마 세워 마음잡고 공부하고 있다고? 어쨌든 직장 잡아 그럭저럭 먹고 살고 부모 봉양하고 있는데 지금 와서 어쩌란 말이냐고? 내가 그랬다. 부모 봉양을 하고 싶었다. 어머니 돌아가시고 아버지 혼자 고향집을 지키고 계실 때는 직장이고 뭐고 다 때려치우고 아버지 시중들며 살까를 정말로 진지하게 고민했다. 옛 선비들이 병든 부모를 봉양하기 위해 벼슬길을 버리고 부모 곁으로 돌아가는 것을 바람직한 모델로 생각하기도 했다. 그러나 아무것도 할 수 없었다. 마음만 앞설 뿐 돈이 없었던 것이 이유다. 빈털터리가 무슨 부모봉양을 할 수 있단 말인가. 그러니 부모도 다 잊어라. 지금까지 걸어온 길이 흡족하지 않다면 아무리 정직하게 열심히 가봐야 보람이 적고 행복도 적다는 것을 알아야 한다.

그리고 또 한 가지, 자신이 제일 잘하는 일을 하지 않으면 밥벌이 자체가 그리 쉬운 일이 아님도 다시 상기해야 한다. 희소한 자원을 두고 나 이외의 다른 모든 사람과 경쟁을 피할 수 없는 세상에서 자기가 제일 잘하는 일을 하지 않으면 지는 것은 불을 보듯 뻔하다. 머지않아 고통의 바다에 빠지고 말 것이다.

지금까지 진지하게 검토해서 자기 할 일을 찾았다면 지금 가고 있는 길을 당장 바꾸어야 한다. 1020 젊은이의 전 생애에서 이 보다 더 과감한 결단이 필요한 때는 없다. 가령 자신에게 적합한 직업에 맞는 과에 들어 갈 성적이 안 되면 다시 공부해서 성적을 올린 다음에 가라. 고등학교 1학년부터 다시 공부한다고 해 봐야 3년 밖에 더 걸리는가. 이 정도야 1020들 앞에 놓인 60~70년 일 인생 전체를 놓고 보면 아무것도 아니다.

공학 분야의 명문 카이스트 학생들조차 일단 학교에 들어가서는 거의 80퍼센트가 의전이나 법전이나 아니면 회계사 시험을 준비한다고 말들이 많다. 카이스트는 이미 학교가 아니고 의전, 치전, 법전 기타 자격증을 따기 위한 예비학교가 되어버렸다는 것이다. 실제로 졸업생의 13퍼센트 이상이 의전, 치전, 법전으로 간다니 항간의 소문이 틀린 말도 아닌 것 같다.

정부가 세금으로 학비 뿐만 아니라 먹고 자는 돈 까지 대주는데 하라는 이공학은 안하고 돈 잘 버는 곳으로 가버린다고 다들 흥분할 만하다. 그것이 사실이라면 맞다. 세금을 엉뚱한 데 쓴다면 그것은 정부가 큰 범죄를 저지르는 것이다. 제대로 된 정부라면 당장 카이스트에 나랏돈을 퍼붓는 것을 중단해야 한다. 카이스트 입학생 중 너무 많은 학생들이 엔지니어나 과학자가 되지 않고 의사나 변호사나 회계사가 되어 버려 정부가 원래 의도하던 과학자나 엔지니어 양성에 차질이 있다면 학교를 없애야 한다. 그러나 카이스트 학생 개인으로 보면 적성을 찾아 당장 진로를 바꾸어야 한다. 자기가 제일 잘할 수 있는 일이 아닌데도 그냥 공부 잘해서 얼떨결에 카이스트에 들어온 경우가 얼마나 많겠는가.

돈도 못 벌고 적성에도 맞지 않는데 '사농공상' 의 세 번째에서 요즈음은 네 번째로 떨어진 이공학을 하면 뭣하나.

열심히 이공학 연구에 몰두하는 과학기술자들의 사회적 지위는 사실 보잘것없다. 보수도 별 볼 일 없고 50대 후반까지도 자리야 차지하고 있다지만 사실상 별 연구도 못하고 도태되기 십상이다.

왜 그런가? 이공학 출신이 수요에 비해 공급이 너무 많기 때문이다. 이공학이 중요한지 아닌지는 나는 잘 모르겠다. 인간생활의 향상에 제일 중요한 분야일 수도 있겠다. 그렇지만 가격은 수요와 공급으로 결정되지 않는가. 사회에 아무리 긴요해도 수요가 없다면 가격이 낮은 것 아닌가. 다이아몬드가 물보다 비싼 이유가 다이아몬드가 인간 생활에 물보다 더 중요해서가 아니다. 다이아몬드의 수요가 다이아몬드의 공급보다 많기 때문이라고 경제학교과서에 씌어있다. 더 많은 기술자를 길러 내야 하는데 무슨 소리냐고? 흥분할 것 없다. 아무리 그래봐야 수요는 적고 공급은 많아 가격이 낮은 것인데 어쩌란 말인가. 수요가 적으니 이공학 열심히 공부해서 연구소 연구원이나 대학의 교수가 되어봐야 돈도 권력도 명예도 별로인 것이다. 한 마디로 매력도가 떨어지다는 말이다. 수요가 적기는 정부나 기업에서도 마찬가지다. 이공학 출신 장관이 몇이나 되는지 대기업 사장이 몇이나 되는지 보면 안다.

심지어 연구 용역 하나 따려 해도 정치력이 좀 있어야지 이공학 체질의 진짜 공부벌레들은 낯 뜨거워서 못한다.

유명한 과학자가 되려 해도 정치가 빵치는 정치 과학자, 정치 엔지니어가 되어야 한다. 신문에 나오고 방송에 나와서, 또는 전공과는 관계도 없는 달작지근한 책도 써서 인기를 얻어야 돈도 벌고, 사회적 존경도 받는다. 공부만 하는 진짜 과학자는 돈 벌기도 출세도 유명해지기도 어렵다. 이런 이공학을 의전, 법전 가서 돈 잘 벌고 출세도 할 실력을 가진 젊은이가 붙들고 있어야 할 이유가 무엇인가. 누군가 나라의 이공학 발전을 위해 헌신하고 어쩌고 한다. 모르는 소리 집어 치워라. 이 사람들이 자기 적성찾아 이공학을 떠나면 떠날수록 과학자와 엔지니어의 공급이 부족해져서 이공학 전공자들의 몸값이 올라가게 되어 있다. 몸값이 올라야 연구다운 연구를 할 의욕도 생긴다. 이렇게 카이스트 학생들이 진로를 바꾸는 것은 본인을 위해서도 동료를 위해서도 나아가 우리 사회를 위해서도 좋은 일이다. 카이스트 학생들은 당장 갈 길을 바꾸어야 한다.

이미 취업을 한 젊은이들도 진정한 자기 할 일을 발견했다면 최대한 빨리 길을 바꿔가야 한다. 설령 결혼하고 애가 생겼더라도 부부 중 한쪽은 돈을 벌고 한쪽은 변신하기를 교대로 하면 된다.

그렇다고 굶어 죽지 않는다. 당장 바꾸지 않으면 직장에서 등 떠밀려 쫓겨날 때까지 변신할 수 없다. 앞으로 60~70년을 일해야 하는데 5년이나 10년 정도 늦은 것이 무슨 대순가? 지금 무슨 공부를 하고 있건 무슨 일을 하고 있건 어떤 상황에 있건 진정한 자기 일을 찾았다면 지금 당장 길을 바꿔 가란 말이다.

대한민국을 탈출하라

젊은이들이 일할 자리가 없다. 앞으로도 없을 것이다. 고등학생의 80퍼센트가 대학에 가는데 어느 사회가 넘쳐나는 이 모든 대학생에게 걸맞은 일자리를 만들어 줄 수 있겠는가. 대학 졸업자 한 20퍼센트, 고졸 한 50퍼센트, 중졸 한 30퍼센트 정도라면 학력과 일자리가 어느 정도 맞아 들어가겠지만 대졸이 80퍼센트라면 대졸이 필요한 20퍼센트의 일자리 빼고는 나머지 60퍼센트는 백수가 되어야 한다는 말 아닌가. 이렇게 우리나라는 1020 젊은 대졸을 마구 생산하고 있고 이 대졸들이 국내에서만 바글거려 대졸 일자리의 공급은 적고 수요는 많아도 너무 많으니 쓸 만한 대졸 일자리의 값은 천정부지가 되어 있다. 아니 세상에 어느 나라 대학생이 입사 원서를 200장씩이나 접수하고 세상 어느 나라 공무원 시험 경쟁률이 수십 대 일, 수백 대 일이 되겠는가.

9급 공무원 되었다고 무슨 과거에 붙어 어사화라도 쓴 것처럼 기세가 당당하니 어떻게 동사무소에서 동민들을 섬기겠는가. 초 중등학교 교사 자리 하나 얻었다고 무슨 서울대 총장 된 것 마냥 우쭐대니 교육은 무슨 교육이 되겠는가. 은행이나 대기업 취직이 가문의 영광이 되어버렸는데 어디 가서 허리 굽혀 가며 영업을 하 겠는가.

이렇게 별을 딴 신참들이 어디 가서 아쉬운 소리를 하겠는가. 형 편이 이런데도 우리 조국 대한민국의 소위 '사' 자들은 '나몰라 라' 다. 모르면 가만히 있어나 주면 오죽 좋으련만, '정경사문政經 社文' 뿐 아니라 '교教' 까지 '사' 자란 '사' 자들은 모두들 일자리 줄이기 촉진대회를 벌이고 있다. '사' 자들이야 자기 먹고 살 걱정 없으니 그렇다지만 '사' 자도 못되는 '농공상' 들조차, 그리고 당 장 일자리가 급한 1020 젊은이들조차 이 일자리 줄이기 촉진대회 에 동원되어 장단 맞추는 이상한 나라가 우리 대한민국이란 말이 다. 돈 있는 사람을 시기하고 질투하는 것은 나도 마찬가지다. 그 렇지만 사업이 조금 되는 것 같으면 빈부의 격차 운운하며 세금으 로 떼가겠다고 으르렁대는 그래서 아예 돈을 모으지 못하게 하겠 다는 사회적 분위기는 정말 큰 문제다. 부자가 돈을 모으지 못하 면 무슨 돈으로 투자해서 일자리 만드나? 순환출자는 투자가 아닌 가? 기왕에 모은 돈조차 투자를 못하게 막아버린다. 자금을 내서

기업을 만들겠다는데, 그래서 자신도 더 많은 돈을 벌고 좋은 일
자리도 만들어서 취직자리 없는 우리 아들딸들에게 일자리 만들
어 주겠다는데, 아울러 GDP높이겠다는데 왜 반대하는가? 왜 못하
게하는가? 왜 1020 젊은이들은 제 밥그릇을 발로 차는가?

　우리나라에서 세계 제일의 부자가 여러 명 나오기를 바라지는
못할망정 돈 좀 벌면 무슨 도둑놈 취급하는 이상한 나라가 되어버
렸다. 경제를 민주화하겠단다. 경제 정의를 실천하겠단다. 무슨
수로? 정치 독재로? 자유시장보다 더 민주적이고 평등하고 정의로
운 곳이 어디 있는데? 그런데도 사방에서 박수소리 요란하다. 상
하좌우가 다 이러한데 나라경제가 성장하고 일자리가 팡팡 생긴
다면 경제 교과서를 새로 써야 하지 않겠는가. 이런 우리 조국 대
한민국에서 1020 젊은이들이 밥 먹고 살기는 점점 힘들어질 것이
불 보듯 뻔하다. 그렇다면 어떻게 해야 하나. 방법은 딱 한가지다.

　세계에서 제일 똑똑한 우리 젊은이들은 성장은 정체되고 갈수
록 일자리는 줄어들 것이 불을 보듯 뻔한 이 가망 없는 대한민국
을 탈출해야 한다. 어쩌다 돈 벌어봐야 제 돈도 제 맘대로 못 쓰는
평등지상주의의 나라 대한민국을 탈출해야 한다.

　미국이 찍는 달러가 소위 기축통화로 세계 어디에서나 유통되
듯 우리 젊은이도 세계의 기축 인재가 되어 세계로 나가야 한다.

어떻게? 공교육 정상화를 통해서? 하하하! 웃긴다. 더 이상 우리 공교육을 말하면 입만 아프다는 것을 모르는 젊은이가 있는가? 머릿속에 사회주의 사상이 가득한 일부교사들이 몸은 교단에 마음은 정치에 있는데 우리나라에 자유시장이 꽃핀다면 문자 그대로 쓰레기장에서 장미꽃이 피는 것과 같다. 사정이 이러하니 스스로 자신을 기축인력으로 만드는 길 밖에는 없다. 어떻게? 무조건 영어를 해야 한다. 말 못하는 벙어리가, 글 못 읽는 문맹이 무슨 수로 돈을 벌 수 있단 말인가.

그 다음 관련국의 언어와 한 가지 이상의 무술을 익혀야 한다. 언어는 그렇다 치고 무술은 웬 무술? 그렇다. 무술이다. 우리나라보다 더 치안이 좋은 나라는 이 세상에 없다. 일본이나 서유럽 일부를 빼 놓고는 조금 심하게 말하면 세상천지가 무법천지다. 이런 세상에서 무술로 단련된 신체야말로 건전한 자신감을 가져다 준다. 누구든 맘먹으면 한 방에 때려눕힐 자신감도 없이 사업해서 돈 번 사람 봤나? 이 나라를 탈출하려는 젊은이들이 무술을 연마해야 하는 이유다.

자신이 잘하고 돈도 되는 매력 있는 일을 세계에서 찾아라. 그리고 세계를 무대로 거칠 것 없이 일해라. 여기에 '사농공상'이 웬 말이며 대학 졸업장은 아무짝에 필요한가. 10년도 못 되어 세계

곳곳에서 떵떵거리며 살고 있는 자신을 발견할 것이다.

알프스 산록에 여관을 내고 스페인 어느 한적한 어촌의 어부가 되라. 그리고 우리 안방 장롱 속에 들어 있는 독도만 가지고 오두방정을 떨 일이 아니라 되놈들이 제 땅이라 우기는 고구려 광개토대왕의 땅 만주 탈환에 나서라. 아예 태극기를 꽂아라. 텍사스의 셰일 유전에서 일자리를 구해라. 실리콘밸리로 가서 투자자를 찾아라. 호주의 광활한 초지에 농장을 갈고 소를 키워라. 인도에서 변기 장사를 해서 한 5억 세트쯤 팔아먹어라. 월스트리트에 헤지펀드 회사를 차리고 내친 김에 뉴욕 시장직에 도전해라. 기아의 아프리카에 고구마를 심어라. 북한 인민들에게 시장과 민주주의를 가르쳐라. 안데스의 광산을 파라. 할렘의 부동산을 재개발하라. 미련 없이 이 나라를 탈출하라.

내가 다시 18살 고등학생이라면

우선 냉정하게 나 자신부터 알겠다. 부자 부모를 둔 것도 아니고 IQ도 겨우 반에서 중간 정도라는 사실을 그대로 인정하겠다.

내가 스스로 돈 벌어 생존하고·나아가 처자식을 먹여 살려야 한다는 내가 처한 형편부터 직시하겠다. 그리고 부모를 호강시켜드리고 싶다는 절실한 꿈만은 절대로 버리지 않겠다.

돈 많이 버는 직업을 선택 하겠다. 공무원이나 교사나 교수나 뭐 이런 적당히 공부한 사람이 적당히 스트레스 덜 받고 적당히 안정적으로 겨우 밥이나 먹고 살 수 있는 직업들은 쳐다보지도 않겠다. 개천에서 용이 날 만큼 머리가 좋다면 물론 나중에 전관예우도 받을 수 있는 고위 공무원을 포함한 전문직에 도전해 보고 싶은 마음이야 왜 없겠는가.

그렇지만 죽어라 노력해 봤지만 내 성적은 문과 이과 합해서 전국 2,000등은 커녕 겨우10,000등에도 턱걸이다. 이들 공부 잘 해서 되는 직업은 되고 싶어도 못 될 뿐 아니라 어쩌다 봉사 문고리 잡기로 된다고 해도 그 사회에서 비주류 신세를 전전할 것이 불을 보듯 뻔하다.

닭의 머리가 될지언정 뭐 하러 소의 꼬리가 된단 말인가. 시간 낭비할 것 없이 일찌감치 나의 선택지에서 제외시키겠다. 김삿갓처럼 세상을 주유하며 사진 찍고 여행기나 쓰면서 평생을 놀면 얼마나 좋겠는가. 시 쓰고 소설 쓰며 술잔 속 달이나 품으면 얼마나 신선스럽겠는가.그렇지만 놀면서 돈 버는 일이 어디 있는가. 이 따위 꿈은 부모가 몇 백 억 정도는 물려준 팔자 좋은 상팔자들이

나 꾸게 놔두고 나는 냉수 먹고 정신부터 차리겠다. 이들 상팔자들을 마음껏 부러워하고 축하해 주겠다. 그리고 나도 내 자식들에게는 이런 팔자를 만들어 주기 위해 노력하겠다. 나는 내가 잘 할 수 있는 일을 찾겠다. 적성검사 결과 종교인, 비서, 원예사가 나의 적성이라니 이 세가지 중 하나에 내 직업인생을 던지겠다. 목사나 신부는 신의 존재를 믿지 않는 내가 할 수 있는 일이 아니니 처음부터 대상이 아니고 그렇다고 해서 스님이 되는 것도 불가! 왜냐? 사람은 자신의 생존과 자손의 번식을 위해 의식주와 건강과 사랑(섹스)를 원하는 동물이 아닌가. 그런데 인간의 사는 목적과는 한참이나 먼 것은 차치하고라도 여성과 잠자리도 못하는 삶을 100살까지 산들 뭐하겠는가.

그렇다면 목사도 신부도 스님도 아무튼 종교인이 되고 싶지는 않다. 나의 두 번 째 적성 비서도 그룹 회장이나 대통령이나 적어도 장관이나 그런 사람의 비서가 되는 일은 실은 상당한 실력이 있어야 할 수 있는 것 아닌가. 내 공부실력으로는 언감생심 말도 안 된다.

그렇다면 나머지 한 가지는 원예사! 아하! 바로 그거다. 아버지와 엄마가 마당 한 가운데 만들었던 정원에 꽃 가꾸기를 얼마나 좋아했던가. 그리고 뒤안 텃밭을 쇠스랑으로 파 뒤집을 때 나던

흙 향기는 얼마나 감미로웠는가. 접붙이기, 삽목 이런 것들을 나는 또 얼마나 잘했던가. 내가 기른 영산홍 삽목들을 도룡리 우리 농장 출입로에 옮겨 심어 지나가는 길손들의 찬탄을 받지 않았던가. 아무튼 집안과 농장을 꽃과 채소 동산으로 만든 주역이 열 살짜리 바로 내가 아니었던가. 그리고 이 원예야말로 내가 잘 할 수 있는 일이라는 것을 적성검사라는 과학이 입증까지 해 주지 않았는가. 그렇다면 내가 할 일을 바로 이 원예가 틀림없다. 주저없이 원예를 나의 평생 일로 삼겠다.

원예를 하되 외향적이고 독립적인 내 성격으로 봐서 그리고 시원찮은 IQ로 봐서 원예를 연구하는 학자보다는 역시 직접 나무며 꽃이며 채소를 가꾸어 파는 원예 사업을 하는 사업가가 되어보겠다. 원예 중에서도 현대 사람들의 식생활 패턴이 변화하는 추이를 보면 채소 관련 사업을 하는 것이 돈을 버는 데는 제일일 것이다. 자금의 흐름도 빠를 것이다.

농업고등학교 원예과를 들어갔더라면 제일 좋았을 것이지만 그거야 벌써 지나간 일이니 우선 대학에는 가지 않고 큰 채소 농장에 막일꾼으로 취직하여 채소 가꾸기를 밑바닥부터 첨단 기술까지 모두 배우겠다. 까짓것 몇 년 죽을 둥 살 둥 일하면 그 정도야 못 배우겠나. 다른 친구들 나와 봐야 실업자 되는 대학 다닐 4년

간 기술도 배우고 돈도 벌겠다. 그리고 동시에 전국에 쌔고 쌘 원예 관련 대학교 야간부에 들어가 원예기술도 익히고 학위도 받고 원예시장도 공부하겠다. 대학 졸업장은 받아야 할 것 아닌가. 무엇보다 평생 고졸이라는 소리는 듣지 않아야 할 것 아닌가. 고졸이면 결혼조차 어려운 것이 현실이니 하는 수 없다.

그리고 4년간 적어도 1억은 모으겠다. 그리고 부모님을 설득하겠다. 나를 대학 보낼 돈을 목돈으로 1억만 달라고 설득해 보겠다.

대학 다니는데 들어갈 최소한 1억과 내가 채소농장 막일꾼 노릇으로 번 돈을 합하면 2억 아닌가. 그래서 친구들이 대학을 졸업하고 취업 걱정을 하고 있을 때 탄탄한 채소 재배 기술은 물론 사업자금 2억까지 가진 예비 사장이 되겠다.

그 다음은 채소가 절대 부족이라는 아프리카 어느 나라로 가겠다. 풍토병에 그리고 더위와 추위와 입에 맞지 않은 음식 따위의 고생이야 사서 하겠다. 이미 탄탄한 선진 기술을 가지고 있는데 그리고 상당한 사업자금도 가졌는데 두려울 것이 뭔가.

우리나라에서야 조그만 구멍가게 하나 차리기도 어려울 2억이지만 아프리카 어느 가난한 나라에 가면 상당한 사업자금이 될 수 있지 않겠는가. 언제나 세상의 최신 원예기술에 주목하며 그리고 세상 사람들의 식생활의 변화를 살피는 것을 재미로 삼겠다. 그

나라 혹은 그 대륙의 채소 왕이 되고 싶다. 유명해지고 돈도 벌고 싶다. 널리 세상을 이롭게 하는 홍익인간도 되고싶다. 궁궐같은 저택을 짓고 떵떵거리며 살고싶다. 애들에게도 몇 백억 쯤 물려주고싶다. 내가 다시 열 여덟살 고교생이라면 난 이렇게 살고싶다.

4 장

사람에게 행복이란 무엇인가

만물의 영장이라
인간은 욕심 부리고 뽐내고 시기한다

행복이란 무엇인가? '행복'을 국어사전에서 찾아보자. '생활에서 충분한 만족과 기쁨을 느끼어 흐뭇함'이 행복이다. 행복을 어디 구름 위 세계에나 있는 듯 신비한 그 무엇으로 생각하는 사람이 많다. 마치 추상화를 보듯 도무지 이해가 어려운 행복을 국어사전은 이렇게 '만족과 기쁨을 느끼는 것'이라고 심플하게 정리하고 있다. 그것도 천상에서가 아니고 지상의 우리 실 '생활에서' 만족과 기쁨을 느끼는 것이라는 것이다. 사람이 자신의 생존과 자손 번식을 위해 의식주와 건강과 사랑 욕구를 충족하여 만족과 기쁨을 느끼면 그것이 곧 행복이라는 것이다.

이것을 사회적으로 풀어 쓰면 영양섭취의 정도, 자동차 보유율, 주택 보유율, 1인당 주거 평수, 문자 해독비율, 10만 명당 병원 베드수, 평균수명, 그리고 이것들을 총체적으로 대표할 수 있는 GDP가 행복의 척도가 된다는 말이다. 정말이다. 행복은 이렇게 구체적이고 계량적이다. 세상사람 누구나 자기만의 행복의 척도를 가지고 있을 테지만 그것은 어디까지나 곁가지에 불과하고 행복의 몸통은 바로 이것이라고 국어 사전이 말하고 있지 않는가.

그런데 만물의 영장인 다시 말해 '생각을 하고 사회를 이루어 사는 동물'로서 사람의 욕구는 다른 동물의 욕구와는 크게 다른 점이 있다. 가령 우물 안의 개구리는 우물 안에서, 철새는 시베리아와 강남을 오가면서 의식주와 섹스 상대를 찾는다. 본능에 따라 배 고프면 먹이를 찾고 발정기에는 이성을 놓고 경쟁한다. 그렇게 자신의 생존과 자손 번식이라는 목표를 이루면 그것으로 그만이다. 그렇지만 생각을 하고 사회를 이루어 사는 만 가지 동물의 영장인 사람은 그것만으로는 만족하지 않는다.

인간도 그때 그때 의식주와 건강과 사랑(섹스)을 욕구하는 한편, 만물의 영장이기에 과거를 돌아보고 현재의 욕구를 채우면서 미래에도 자신의 욕구를 채울 수 있을지를 걱정한다. 언제 재난이 닥쳐 올 지 모른다는 것을 과거의 경험을 통해서 아는 사람은 미래의 욕구 충족을 위해서는 저축해야 한다는 것을 안다. 서로 더 많이 저축하려고 경쟁한다. 나보다 더 많이 저축한 사람을 시기하고 반대로 내가 타인보다 많이 저축하면 뽐낸다. 다른 동물의 욕구가 시간적으로 현재적이고 공간적으로 평면적이라면 인간의 욕구는 역사적이고 입체적이라고나 할까? 사람이 생각하는 동물, 다시 말해 만물의 영장인 바로 그 이유 때문에 인간의 욕구는 끝이 없는 것이다. 미래를 예측하고 대비하는 것이 제2의 천성이 되어 그날의 먹이와 발정기의 섹스로만 만족하지 않고 끝없이 갈무리하고 시도 때도 없이 섹스한다. 이 끝없는 욕구야말로 인간이 다른 동물과 구별되는 진정한 인간의 모습이다. 그런데 이렇게 끝이 없는 욕구를 맘껏 충족하기에는 이 세상의 자원은 터무니없이 부족하다. 그래서 어떻게든 다른 사람보다 더 많이 차지하려고 자신의 잠재적인 능력을 최대한 발휘하여 다른 사람과 경쟁한다. 경쟁에 이겼을 때 기쁘고 즐겁다. 행복하다. 다른 사람보다 더 많이 차지하여 더 많이 저축할수록 더 기쁘고 더 즐겁다. 더 행복하다. 이것이 인간의 행복이다.

이것이 사람의 삶이고 자연현상이다. 봄이 되면 꽃이 피고 가을이 되면 단풍이 지는 것과 똑 같은 자연현상이란 말이다.

인간욕구의 피라미드설

미국의 임상심리학자 매슬로우의 '인간욕구 5단계 설'을 모르는 사람은 없을 것이다. 매슬로우는 인간의 욕구에는 단계가 있다고 했잖은가. 다른 동물들은 그냥 배고플 때 먹고 추위 피해서 자고 발정기에 교미하면 그 뿐이지만 사람은 그 위 단계의 욕구가 있는 것이 동물과 다르다는 것이다. 동물의 욕구가 면面이라면 사람의 욕구는 입체란 말이다.

매슬로우는 또 인간에게는 하위 욕구가 충족되어야 상위 욕구가 생겨난다고 했다. 먹고 마시고 자고 배설하는 생리적 욕구가 충족되어야 안전에 대한 욕구가 생겨나고, 안전 욕구가 충족되어야 소속감이 그리워지고 다음에는 존경과 자아실현의 욕구도 생긴다는 것이다.

또 일단 하위 단계의 욕구가 충족되어 상위 단계의 욕구가 생긴 사람이라도 그 아래 하위 단계의 욕구가 위협받으면 상위 단계의 욕구도 동시에 무너져 버린다고 했다.

정말 그런가? 생존의 위협을 느끼는 데도 하늘과 땅과 물에서 익스트림 스포츠를 즐기는 사람들이 얼마나 많은가. 이 한 가지만 봐도 나는 매슬로우의 이론은 2퍼센트 부족하다고 생각한다. 인간은 자신의 생존과 자손 번식을 위해 의식주, 건강, 사랑, 그리고 이 욕구들의 다른 표현인 돈을 원한다는 것은 의문의 여지도 없다. 이 돈에 대한 욕구를 다른 사람에게 강제하거나 다른 사람보다 더 쉽게 얻기 위해 권력과 명예를 원하고, 자자손손 대대로 미래를 위해 이들 돈과 권력과 명예를 쌓아놓고 싶어 한다. 나는 이 인간의 세 가지 욕구 돈, 권력, 명예 중 돈이 가장 아래, 그 다음이 권력, 그 위가 명예라고 본다. 그리고 단계가 있기야 있지만 매슬로우의 말처럼 하위 욕구가 충족되고 나서야 상위 욕구가 생기는 것이 아니고 동시적인 측면이 많다고 본다.

가령 지금 배가 고프다고 해서 권력에 대한 욕구가 없으란 법은 없지 않은가. 아무리 배가 고파도 함부로 음식을 훔치지는 않으며 섹스를 하고 싶은 욕망이 아무리 강해도 아무 때 아무 곳에서 아무하고나 섹스하지는 않는다. 명예욕 때문이다.

이 세 가지 욕망은 이렇게 단계적이면서도 동시적이어서 서로가 서로를 보완하고 강화해주는 역할을 한다. 또 한 가지 매슬로우와는 달리 자아실현 욕구가 최상위에 위치한 별개의 욕구라기보다 돈과 권력과 명예를 추구하는 모든 단계에 실재하는 욕구라고 본다. 사람은 어떤 일을 하거나 자신의 모든 잠재적 가능성을 최대한 발휘했을 때 기쁨을 느끼는 존재다. 나이 든 은퇴자나 실업자가 보수는 적어도 좋으니 뭐든 할 일만 있었으면 하는 것도 자신의 잠재적 가능성을 발휘하고 싶은 자아실현 욕구의 다른 표현이라고 할 수 있다.

그리고 인간이 가진 또 한 가지 무시할 수 없는 욕구가 있다. 바로 언제나 부족한 자원인 돈, 권력, 명예를 얻기 위한 경쟁에서 승리하여 뽐내고 싶은 욕구다. 이 욕구는 그 강렬함에 있어 다른 어떤 욕구에도 뒤지지 않는다. 사람이라면 누구든 부족한 자원을 남보다 더 많이 차지했을 때 기쁨을 느낌은 물론 자랑하고 뽐내고 싶어 한단 말이다. 가령 고루거각高樓巨閣을 짓고 주지육림酒池肉林을 즐기는 사나이의 호탕한 모습은 얼마나 멋진가. 명품 옷에 명품 백을 사 들고 뽐내며 거리를 걷고 모임에 나가는 여성들, 공부 잘하는 자식 자랑에 여념이 없는 엄마들, 올림픽까지 열어 자신들의 무쇠 같은 팔다리를 과시하는 운동선수들, 양 어깨에 별을 달고 의기양양한 군인들, 선거에서 이겨 당당한 정치인들, 돈 많은 재벌 총수들, 사람들의 부러움을 한 몸에 받는 유명연예인 들을 보라. 사람이 얼마나 자신을 뽐내고 싶어 하는지 알 수 있지 않은가.

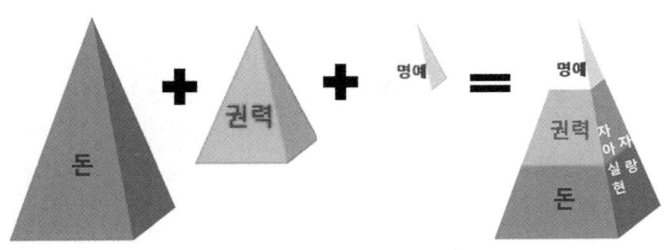

-인간 욕구의 피라미드 설(Kim's Pyramid of Human Desire)-

그래서 나는 인간의 욕구를 위의 그림처럼 입체적으로 생각한다. 의식주, 건강, 사랑과 같이 우리 욕구의 기초를 이루는 것과 그것들을 충족하기 위해 반드시 필요한 돈은 위 그림의 세 개의 피라미드 중 가장 큰 피라미드에 해당하고, 권력은 그 다음 중간 크기 피라미드로 첫 번째보다는 폭도 좁아지고 높이도 낮아졌다. 따라서 부피도 작아졌다. 돈보다는 욕구의 크기가 작다는 뜻이다.

세 번째는 명예 피라미드다. 이 명예 피라미드도 돈이나 권력 피라미드에 비해 훨씬 작은 모습이다. 돈의 피라미드 위에 권력의 피라미드를 고깔 씌우듯 덧씌우고 마지막 제일 꼭대기에는 다시 명예의 피라미드를 덧씌운 모양의 피라미드를 만들어 보자. 즉 이들 세가지 욕구는 단계야 있지만 서로 분리되어 있는 것이 아니라 동시적이라는 것이다.

2층의 권력이건, 3층의 명예건 이 두 가지 욕구의 기초가 되는 1층 돈, 다시 말해 의식주와 건강과 사랑이 무너지면 힘없이 무너져버릴 수밖에 없다는 것도 알 수 있다. 돈, 권력, 명예의 전속 단계에 걸쳐서 발휘되는 자아실현의 욕구와 자랑 욕구까지를 포함한 인간의 다섯 가지 욕구를 그려본 것이 제일 오른쪽의 3층짜리 피라미드다. 그리고 각각 욕망의 크기는 이들 피라미드의 부피로 쉽게 계산할 수 있다. 한 변의 길이의 비가 3 : 2 : 1이니까, 부피는 이 숫자들을 세제곱한 27 : 8 : 1이 나온다. 절묘한 숫자가 아닌가. 이것이 인간의 돈, 권력, 명예 그리고 자아실현의 욕구와 뽐내고 자랑하고 싶은 인간의 본성까지 포함한 Pyramid of Human Desires이다. 인간 욕구의 피라미드 설, 어떤가?

행복 방정식의 바른 해석

들어봤을 것이다. 행복 방정식 말이다. 행복이란 '성취/욕구' 라는 식 말이다. 틀림없이 맞다. 자신의 욕구를 얼마나 성취하느냐가 행복한 정도라는 것은 틀림이 없다.

그렇지만 그 다음 해설에는 문제가 있다. 백이면 백, 행복을 크게 하려면 열심히 노력하여 분자인 성취를 키우라고 하는 대신 분모인 욕구를 줄이면 된다고 엉뚱하게 해석하고 있다. 석가모니 영향을 받아서인가? 욕구 자체를 줄이면 줄일수록 더 행복해지고 욕구를 아주 없애버리면 무한대로 행복해진다? 시험에서 50점을 맞아 기분 잡친 학생에게 욕구를 줄여 목표를 30점으로 해라? 그러면 더 행복해진다? 아예 0점을 목표로 하면 무한대로 행복하겠네? 석가모니를 몰라도 한참 모르는 거짓 깨달은 자들의 해석임에 틀림이 없다.

석가모니는 기울어져 가고 있었다고 하지만 한 나라의 왕자로서 이미 먹고 사는 기본적인 욕구야 해결된 사람이었다. 그렇지만 자꾸만 주위 다른 나라의 왕자와 비교해보니 자신의 처지가 초라하게 느껴지고 시기와 질투심도 생겼을 것이다. 보통사람들은 꿈에도 생각할 수 없는 물질적인 풍요를 누리면서도 주위 다른 나라의 잘 나가는 왕자들과 비교해 보면 항상 불행했을 것이다. 그런 석가모니라서 끝없이 주위와 비교해가면서 시기와 질투에 빠지지 말고 마음의 평화를 얻으라고 하였을 것이다. 다시 말해 분자인 성취를 늘리려는 노력은 당연하지만 자신이 이룬 이 성취를 남과 비교하면서 동시에 분모인 욕구를 무한대로 계속 키워가면 결국 행복의 양은 커질 수 없다는 수수한 말씀일 것이다.

그것도 모르고 오늘날의 돈 없는 보통 부모들이나 취업 못해 집마다 방구석에 처 박혀 있는 가난한 젊은이에게 욕심을 줄이면 행복해질 것이라고 말해봐라. 맞아 죽는다. 지원이 희소한 이 세상에서는 대부분의 사람이 밥 먹고 살기도 어려운 것이 현실이고 또 자연스러운 것이다. 그래서 기본적인 의식주조차 위협받고 있는 것이 일상이다.

그런데 욕구를 줄여라? 진짜 세상은 어떤가. 살아보면 안다. 우리 같은 대부분의 보통사람에게는 욕구가 곧 꿈이고 희망이라는 것을 말이다. 욕구가 없는 삶, 그래서 꿈도 희망도 없는 삶은 그 자체가 곧 지옥이라는 것을 말이다. 이런 사람에게 욕구를 줄여라? 가능하면 0까지 줄여라? 세상사람 다 이렇게 욕구를 줄여버리면 누가 농사짓고, 밥하고, 옷 만들고, 집짓고, 대통령 하고, 기업 하겠나? 애는 누가 나서 키우나?

대신 나이 스물다섯 한 여성의 말을 들어보자. 스포츠 클라이밍 세계 1위 김자인 선수가 어느 신문과 인터뷰를 했다. 기자가 물었다. 차갑고 거친 암벽타기에 어떤 매력이 있는가? "루트를 완등 했을 때의 짜릿함이죠. 스포츠 클라이밍은 예선, 준결승, 결승 때마다 루트가 달라지는데 갈수록 힘들거든요. 결승에서는 대개 완등이 어려울 정도로 루트를 세팅해요. 그 문제를 모두 풀고 마지막 홀드까지 갔을 때가 가장 짜릿해요. 그리고 암벽에 매달려 있을 때가 가장 자신감 있고 행복해요."

바로 이거다. 밀도 있는 삶을 사는 사람의 기가 느껴지지 않는가. 겨우 약관에 김자인 선수는 인간과 인생과 자연을 그리고 행복을 깨달은 것이다. 예선 통과의 목표를 세우고 숨 막히는 경쟁을 통해 예선을 통과하고 역시 치열한 경쟁에서 이겨 준결승을 거쳐 결승까지 간다. 도저히 오르기 어려운 루트를 자신의 모든 잠재된 가능성을 한껏 발휘하여 마지막 홀드까지 가는 짜릿한 성취를 맛보려고 암벽에 행복하게 매달려 있다는 것이다.

진짜 행복의 경지란 이런 거다. 스포츠 세계에서뿐만 아니다. 비즈니스건, 학문이건, 예술이건 아니면 정치건 그냥 밥 먹고 사는 일이건 무엇이건 자기가 하고 있는 일에 목표를 세우고 혼신의 힘을 다해 달성한 사람만 진짜 진한 행복을 느낄 수 있다. 그렇다. 인생은 김자인 선수의 암벽 등반과 꼭 같다. 욕구를 충족하기 위해서 희망을 가지고 경쟁하며 자신의 잠재적 가능성을 최대로 발휘해서 성취하면 기쁨 즉 '희'를 느낀다. '락'도 느낀다. 행복하다. 혹 실패했더라도 김자인 선수처럼 자신감 있고 행복하게 암벽에 매달려 또 새로운 희망을 가지고 새로운 목표를 세워 다시 차갑고 거친 암벽을 오른다. 이렇게 계속 반복하는 인생을 즐긴다. 희망을 가지고 세운 의식주, 건강, 사랑의 목표를 성취할 때, 설령 실패하더라도 이 실패조차 태연히 즐길 때 인간은 행복한 것이다.

행복에도 격이 있다

북한 사람들은 '수령님과 함께 행복' 할 것이다. 진심일 것이다.

휴거를 믿었던 사람들은 자신들만 선택되어 하늘로 올라갈 기대로 얼마나 행복했을까? 어떤 사람은 따뜻한 커피 한 잔에 행복을 느끼고, 어떤 사람은 땀 흘린 후의 시원한 맥주 한 잔에 행복을 느끼기도 하고, 어떤 사람은 술 마시고 노래하며, 어떤 사람은 글을 써서 자신의 생각을 발표하면서, 어떤 사람은 가난한 이웃을 도우며 행복을 느낄 것이다. 아무튼 지구상의 70억 인구가 다들 다른 행복의 요소를 가지고 있을 것이다.

그렇지만 행복의 필요조건이라고나 할까? 의식주와 건강, 사랑이 행복의 충분조건은 아닐지라도 필요조건임에는 틀림이 없다.

행복을 한 그루의 나무로 치면 이런 기본적인 행복의 요소들은 큰 나무의 몸통에 해당한다고 볼 수 있다. 그 외 지구상의 70억 사람마다 다를 수 있는 수많은 행복의 요소는 수를 셀 수 없이 많은 곁가지나 나뭇잎이나 꽃에 비유할 수 있을 것이다. 나무가 나무답고 때론 신록으로 때론 단풍으로 때론 앙상한 가지로 아름다운 것은 곁가지와 잎사귀와 꽃 때문임은 말할 것도 없다. 그렇지만 몸통 없이 곁가지가 잎사귀가 꽃이 존재할 수 있을까?

사람의 행복도 마찬가지다. 의식주와 건강과 이성 간의 사랑이 무너지면 결국 이런 곁가지 행복도 다 무너지고 만다. 본질인 몸통 욕구와 이것을 충족했을 때 느끼는 본질적인 몸통 행복, 그리고 현상이라고 할 수 있는 곁가지 욕구와 이런 곁가지 욕구를 충족했을 때 느끼는 곁가지 행복의 관계가 이렇다. 행복을 찾아주겠다는 사람들이 내리는 처방이 백인백색으로 사람마다 다른 것은 다들 행복의 몸통과 곁가지를 구분하지 못하고 장님 코끼리 만지듯 나뭇잎이나 꽃망울이나 아니면 곁가지 중 자신이 만져본 것만을 행복이라고 우기기 때문이다. 격이 떨어져도 한참 떨어지는 행복론이라고 볼 수 있다.

그렇다면 품격 있는 행복이란 무엇인가?

무엇보다 먼저 인간 세상의 '만인의 만인에 대한 투쟁'이 손바닥이라면 '만인의 만인에 대한 선행'이 손등임을 따라서 둘이 아니고 하나임을 알아야 한다. 사람은 누구나 이기적이타행을 하고 살아간다는 것을 깨달아야한다. 다시 말해 지금 우리가 사는 이 세상이 천국이며 극락이라는 것을 알아야 한다는 말이다. 사람과 세상에 대한 미움과 세상탓, 남탓에서 즉시 벗어날 수 있을 것이다. 마음의 평화가 올 것이다. 행복도 올 것이다. 그리고 사람은 자신의 생존과 자손의 번식을 위해 언제나 부족한 자원을 남보다 더 많이 차지하려고 죽을 둥 살 둥 경쟁한다. 의식주와 건강과 사랑의 욕구 충족을 위한 경쟁에서 이긴 사람은, 다시 말해 돈과 권력과 명예 경쟁에서 이긴 사람은 당연히 기쁘고 자랑스러울 것이다.

승리를 마음껏 기뻐하면서 또 다른 사람에게 마음껏 자랑도 하면서 행복을 최대화해야 할 것이다. 그렇지만 돈과 권력과 명예 경쟁에서 진 대부분의 사람들은? 당연히 분할 것이다. 시기심도 일어날 것이다. 남과 나를 비교하는 만물의 영장인 인간의 자연스러운 감정이다. 그러나 자연은 웅변하고 있지 않은가. 누구는 지고 누구는 이기도록 정해져 있지 않다는 것을. 진화의 우연성과 미래의 불확실성이 엄연한 자연현상이 아닌가. 사람의 탄생 자체가 우연이 아닌가. 이기려고 죽을 둥 살 둥 경쟁하여 이긴 사람도 우연히 이긴 것이고 진 사람도 우연히 진 것이라는 것을 자연이, 그리고 역사가 태연히 증명하고 있지 않은가. 그래서 이긴 사람도 우연히 언젠가는 질 수 있고 진 사람도 언젠가는 우연히 이길 수 있는 일 아닌가.

그러니 설령 백세를 살았다고 해서, 세상을 다 살 수 있는 돈을 벌었다고 해서, 노벨상을 받았다고 해서 기쁘고 즐거워하되 너무나 뽐내고 거만할 것도 없다. 죽을 병에 걸렸다고 해도, 감옥에 갇힌 신세라 해도, 이렇게 일시적으로 졌다고 해도 낙담하거나 시기할 필요가 없다는 말이다. 이겼건 졌건 어떤 경우에도 다시 꿈과 희망을 품고 경쟁의 수레바퀴 위에 태연히 올라서자. '진인사 대천명盡人事 待天命' 즉 인간으로서 해야 할 일을 다 하고 나서 하늘의 뜻을 기다리자. 이런 경지가 해탈이 아닐까? 이렇게 사는 것이 곧 품격 있는 행복은 아닐까!

어떻게 살면 최고로 행복할까?

땀 흘리며 일하고 나서 시원한 생맥주 한 잔을 마시는 맛을 어디다 비길까. 그렇지만 한 잔을 다 마시고 난 뒤 또 한 잔을 더 마시면 첫 잔보다는 맛이 덜하고 또 한 잔을 더 마시면 둘째 잔보다 맛이 훨씬 덜하다. 이것을 '한계효용 체감의 법칙' 이라고 부른다.

행복에도 이 한계효용 체감의 법칙이 똑같이 적용된다. 어떤 욕구가 어느 정도 충족되면 추가로 투입되는 자원 즉 돈과 시간에 비해 추가적으로 올라가는 행복의 양은 점점 줄어들 것이다.

의식주, 건강, 사랑의 세 가지 기본적인 욕구를 예로 들어 보자. 대부분의 사람들은 이 세 가지 욕구 중 어떤 욕구는 충분히 또는 과도하게 충족하면서도 어떤 욕구에는 돈과 시간을 거의 투자하지 않는 경우가 많다. 가령 의식주는 호화롭게 하면서도 건강을 유지하기 위한 운동과는 담을 쌓고 산다면 이 사람은 자신이 가진 자원을 자신의 총 행복이 최대화되도록 합리적으로 사용하고 있다고 볼 수 없다. 이 사람의 경우는 이제 돈과 시간을 한계효용이 낮아진 의식주에 투자할 일이 아니라 한계효용이 높은 건강이나 사랑에 더 많이 투자하는 것이 행복의 총량을 늘리는 방법일 것이다. 이 원리는 돈과 권력과 명예에도 똑같이 적용될 것이다. 돈에 대한 욕구가 어느 정도 충족되면 더 많은 돈을 벌어도 새롭게 생겨나는 행복의 양은 점차 줄어갈 것이다. 그러니 어느 정도 돈을 벌어서 먹고 살 만하게 되면 그 다음에는 당연히 권력을 얻기 위해 돈과 시간을 투자해야 할 것이다.

우리나라 사람들이 어느 한 분야에서 어느 정도 두각을 나타내면 누구랄 것도 없이 정치 쪽에 눈을 돌리는 것은 그런 이유일 것이다. 응당 그래야 할 것이다.

그 다음은? 명예 차례일 것이다. 책도 쓰고, 봉사도 하고, 자선도 하고, 통 크게 기부도 해서 이름을 알려 명예를 얻어야 할 것이다. 아프리카 어디에 학교도 설립해야 할 것이다. 역시 응당 그래야 할 것이다. 그래야 총 행복이 최대로 될 것이다.

그렇다면 답은 분명하다. 어떻게 살면 최고로 행복할까? 어떻게 해야 행복의 양을 최대화할 수 있을 것인가? 어떤 사람에게 행복을 가져다주는 요소가 의식주, 건강, 사랑 이 세 가지라고 하자. 이 사람이 자신이 가진 한정된 자원 즉 돈과 시간으로 가장 큰 행복을 누리기 위해서는 앞에서처럼 한계효용이 낮은 요소에 돈과 시간을 덜 투자하는 대신 한계효용이 높은 요소에 더 많은 돈과 시간을 투자해야 할 것이다. 그래서 이 세 가지 행복의 요소 각각을 위해 1단위 돈과 시간을 추가로 투자하여 생기는 추가 행복의 양이 모두 같게 되는 수준으로 돈과 시간을 투자하면 될 것이다.

즉 '의식주의 한계행복(추가 1단위 돈과 시간을 투입할 때 추가로 얻어지는 행복의 량) = 건강의 한계행복 = 사랑의 한계행복' 이되도록 돈과 시간을 투자해야 할 것이다. 물론 이 세 가지 행복요소에 투자한 돈과 시간의 합은 그 사람이 현재 사용할 수 있는 돈과 시간의 총계가 될 것이다. 여기서 잠깐 사족을 붙여야겠다. 사람에 따라 이 세 가지 행복 요소 외에도 특별히 행복을 느끼는 요소가 당연히 있을 것이다. 가령 어떤 사람은 자신의 종교를, 어떤 사람은 여행을 기본 욕구만큼 중하게 생각한다면 각각 자기가 좋아하는 항목을 추가해도 될 것이다.

가령 자기가 믿는 종교에서 행복을 느끼는 사람이라면 이 종교의 한계 행복을 한 가지 더 추가해서 같은 방법으로 생각하면 될 것이다. 이것이 한정된 자원인 돈과 시간을 가지고 자신의 행복을 최대화하는 방법이다. 돈과 권력과 명예라는 또 다른 차원의 행복요소는 '돈의 한계행복 = 권력의 한계행복 = 명예의 한계행복' 이 되도록 자신이 가진 자원을 사용해야 스스로 느끼는 행복의 량이 최대로 될 것이다.

물론 행복의 양을 측정한다는 것은 쉬운 일이 아닐 것이다. 그렇지만 항상 이런 식으로 사고하면서 한계행복을 균등하게 하려는 노력이 있어야 행복을 최대화할 수 있을 것이다. 최고로 행복하게 살 수 있을 것이다.

어떻게 살면 일생 내내 행복할까?

살아가는 그 때 마다의 총 행복을 가장 크게 하는 수평적 '총 행복 극대화'와 함께 인생 전체에 걸친 행복을 제일 크게 하는 '수직적 총 행복 극대화'도 필요하다. 행복은 수평적으로는 물론 수직적으로도 극대화되어야 하는 것이다. 말하자면 인생 전체에 걸친 행복의 부피를 극대화하자는 것이다.

이렇게 하기 위해서는 나이에 따라 돈과 시간을 집중적으로 투자할 욕구가 달라져야 할 것이다. 가령 젊은 시절에는 의식주, 건강, 사랑과 같은 실용재 혹은 본질적인 욕구를 충족하기 위해 자신이 가진 돈과 시간을 최대한으로 투자해야 할 것이다. 한편 취

미, 힐링, 여행, 휴식 등 사치재 혹은 현상적 욕구의 충족은 나이
든 뒤로 미루어야 할 것이다. 왜냐? 사치재는 돈 없는 젊은이가 살
수 있는 재화가 아니기 때문이다. 시간의 가치까지 감안하면 엄청
나게 비싼 이런 사치재를 살 수 있는 경우는 부모가 부자이거나
외상으로 구입하는 두 가지밖에 없다. 은 숟가락을 입에 물고 태
어난 젊은이는 운이 좋은 경우이니 자신의 행운을 최대한 누리는
것도 좋은 선택일 것이다. 취미, 힐링, 여행, 휴식 등을 즐기며 뽐
내며 베짱이처럼 사는 것도 좋을 것이다. 99퍼센트의 가난한 젊
은이가 이런 사치재를 구입하려면 몇 십 년의 시간가치를 포함한
이자까지 지불할 각오로 외상으로 구입해야 할 것이다. 그리고 값
은 나이 든 후에 치러야 할 것이다. 늘그막에 의식주를 해결하기
위해서 막노동을 해야 하는 신세가 될 확률이 매우 높을 것이다.
이 두 가지 케이스를 그림으로 그려서 얘기해 보자.

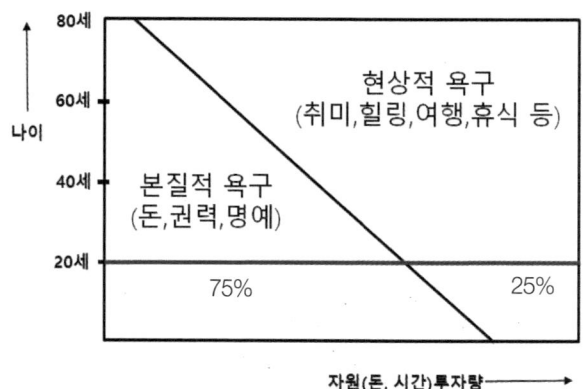

- Case 1-

'케이스 1'의 경우는 이런 설명이 가능하다. 20세 젊은 시절에는 본질적 욕구 즉 의식주, 건강, 사랑을 성취하는 데, 다시 말해서 돈과 권력과 명예를 얻는 데 한정된 자신의 돈과 시간을 75% 정도로 최대한 투자하고 나이 들어 생산능력이 떨어질 때를 대비하여 이들 돈과 권력과 명예를 저축한다. 그리고 점차 나이가 들어감에 따라 본질적 욕구에의 자원 투자를 줄이고 현상적 욕구에의 투자를 늘려나가야 할 것이다. 그리하면 어느 정도 나이가 든 60세에는 20대와는 반대로 본질적 욕구를 위해서는 25%만 투자하고 나머지 75%의 자원은 취미, 힐링, 여행, 휴식 등 현상적 욕구에 투자할 수 있을 것이다. 적당히 일하고 많이 놀 수 있을 것이다. 그래서 행복할 것이다. 젊은이들은 자신의 인생이 '케이스 1'처럼 되도록 해야 할 것이다.

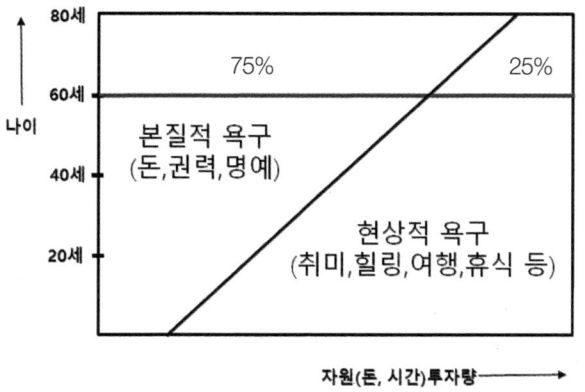

- Case 2-

'케이스 2'는 20대에 취미, 힐링, 여행, 휴식 등 사치재에 자신이 가진 시간과 돈의 75%를 투자하느라 의식주와 건강과 사랑을 얻기 위해 시간과 돈을 투자하고 저축하는 것을 소홀히 한 경우다. 거짓 멘토들의 힐링 타령에 속아 혹은 얼치기 먹물들의 넋두리가 마치 자신의 일인 양 들떠서 남 탓하며, 부모 탓하며, 사회 탓이나 하며 세월가는 줄 모르다가는 가는 길은 뻔하다. 나이 들어 직장을 그만둔 60세 이후에 젊은 시절보다 더 거친 노동을 더 긴 시간 동안 해야 겨우 끼니 연명이라도 할 수 있을 것이다. 젊은 시절 소비한 사치재 값을 늙은 후에 치러야 할 것이다. 당연히 투자할 돈은 이미 없을 것이고 자신이 가진 시간의 75%를 의식주를 해결하기 위하여 육체노동을 해야 할 것이다.

결국 젊을수록 돈, 권력, 명예를 성취하고 저축하기 위해 자신의 돈과 시간을 집중 투자하는 것이 자신의 일생 총 행복을 극대화하는 길일 것이다.

_참고

본문 52쪽 내용은 인터넷 신문에서 발췌하여 요약함.

앎

초판 1쇄 인쇄　2015년 08월 25일
　　1쇄 발행　2015년 09월 05일

지은이　　　김선호
발행인　　　이용길
발행처　　　**모아북스**
　　　　　　MOABOOKS

관리　　　　정윤
디자인　　　이룸

출판등록번호　제 10-1857호
등록일자　　1999. 11. 15
등록된 곳　　경기도 고양시 일산동구 호수로(백석동) 358-25 동문타워 2차 519호
대표 전화　　0505-627-9784
팩스　　　　031-902-5236
홈페이지　　www.moabooks.com
이메일　　　moabooks@hanmail.net
ISBN　　　　979-11-86165- 005- 8　　　13320